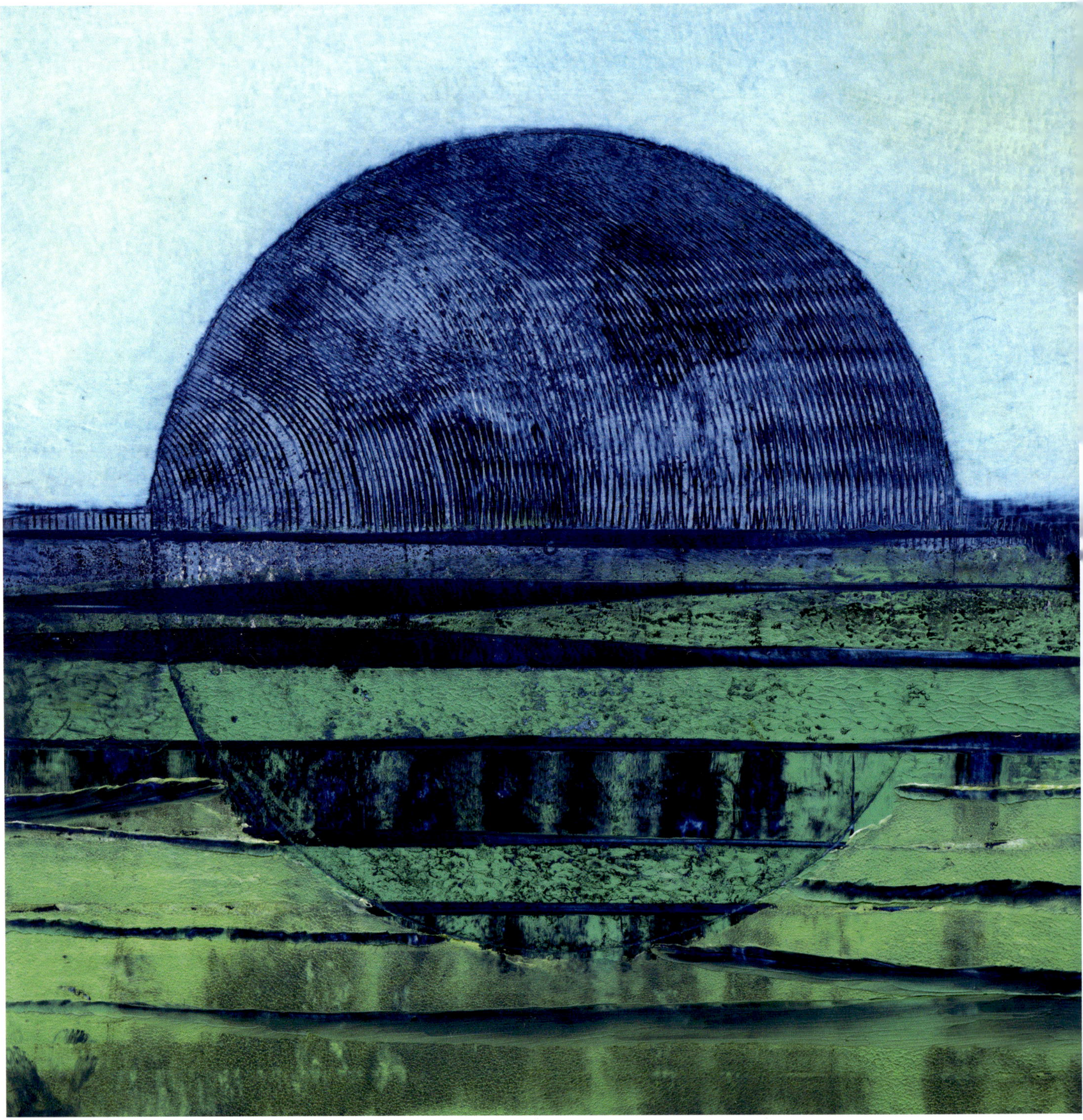

Queer Culture
NÜRNBERG E.V.

Theo Noll

ÖLMALEREI UND FOTOGRAFIE

HERAUSGEGEBEN VON
MATTHIAS DORNHUBER & JÖRN PETRICK

SÜDSTADT

TITELBILD
Ohne Titel, 2010, Öl auf Karton, 20 x 20 cm (T311)

SEITE 1
Künstlerstempel Theo Noll

SEITE 2
Weltenbild, 2016, Öl auf Karton, 15 x 15 cm

www.suedstadtverlag.de

In Kooperation mit Queer Culture Nürnberg e.V.

Dieser Katalog erscheint in Verbindung mit der Ausstellung QUEERSTRICH. ÖLMALEREI VON THEO NOLL, veranstaltet unter der Schirmherrschaft von Bürgermeister Christian Vogel von Queer Culture Nürnberg e.V. vom 3. bis 26. August 2016 im Heilig-Geist-Haus Nürnberg.

Queer Culture Nürnberg e.V. ist ein gemeinnütziger Kulturverein. Er hat es sich zur Aufgabe gemacht, queere Kunst und Kultur in Nürnberg und der Metropolregion zu fördern – durch die öffentliche Durchführung von Ausstellungen, Filmvorführungen und Lesungen, von Vorträgen und Symposien, durch Förderung und Publikation von wissenschaftlichen Studien sowie durch die Unterstützung von queerer Kunst und queeren Künstlern.
www.queercn.de

Bibliografische Informationen der Deutschen Nationalbibliothek:
Die Deutsche Nationalbibliothek verzeichnet diese Publikation in der Deutschen Nationalbibliografie; detaillierte bibliografische Daten sind im Internet unter http://dnb-d-nb.de abrufbar.

Umschlaggestaltung: Matthias Dornhuber, Fürth
Layout und Satz: Matthias Dornhuber, Fürth

Druck: BoD - Books on Demand, Norderstedt

www.theo-noll.de

Gedruckt in Deutschland
ISBN 978-3-9467-4900-4

INHALT

GRUSSWORT

DES 2. BÜRGERMEISTERS DER STADT NÜRNBERG

Kunst ist in Nürnberg allgegenwärtig. Im öffentlichen Raum, in Kunsthallen, im Privaten. Zu sehen sind historische Werke, moderne Interpretationen, grelle Tupfer und sanfte Töne. Es gibt Museen, Galerien und sogar eine Kunstakademie. Braucht es da wirklich noch ein Forum für queere Kunst? Ich meine, ja, das braucht es.

Kunst erfüllt keine Erwartungen. Kunst wird nicht für Schubladen geschaffen. Kunst spiegelt das Leben wider. Mit Tiefen, mit Höhen, mit geraden Linien - und eben mit Querstrichen. Das Leben in Nürnberg ist so vielfältig, wie es die Ausdrucksformen der künstlerischen Gestaltung wiedergeben können. In unserer Stadt leben mehr als 500.000 Menschen. Sie alle sind hier zu Hause. Sie alle kennen den Christkindlesmarkt, die Burg, Bratwürste und Lebkuchen. Für alle geht die Sonne zur selben Uhrzeit auf und für alle wechseln sich Frühling, Sommer, Herbst und Winter im bekannten Rhythmus ab. Und dennoch ist jeder Mensch einzigartig. Viele fühlen gleich, aber jeder empfindet individuell. Wir definieren uns viel über Konventionen. Zu unserem Leben aber gehören auch unsere Emotionen. Diese werden von der Kunst angeregt, inspiriert und gehört. Doch auch dabei zeigt sich, dass es Unterschiede gibt. Welches Werk trifft den Nerv? Was ist gut? Was ist schön?

Mir ist wichtig, dass es dafür keine vorgefertigten Antworten gibt. Wie so oft, ist es auch hier die Vielfalt, die unser Leben bereichert und die das Miteinander in der Stadt kennzeichnet. Queere Kunst und queere Künstler gehören für mich hier unbedingt mit dazu. Wo es unterschiedliche Lebensformen gibt (wo gibt es die nicht?), gibt es unterschiedliche Interpretationen und Blickweisen. Die queere Ansicht ist hierbei eine von vielen. Welche wunderbaren Übersetzungen daraus in die Welt der Kunst gelingen, ist das, was der Verein „Queer Culture Nürnberg“ öffentlich zeigen möchte. Die herrliche Malerei von Theo Noll ist ein wunderbarer Auftakt für eine derartige Präsentation im Zentrum unserer Stadt und damit inmitten des öffentlichen Nürnberger Lebens, und ein wunderbarer Auftakt für diese kleine Reihe zu queeren Künstlern im Südstadt Verlag.

Ich wünsche dem Verein von Herzen einen erfolgreichen Ausstellungsverlauf und viele weitere sehens- und erlebenswerte Aktionen zur Bereicherung unserer Stadt, und dem vorliegenden Katalog die verdiente Beachtung in der Kunstwelt und darüberhinaus. Zu guter Letzt geht mein Dank an all jene, die leise im Hintergrund mitgearbeitet haben, um die Ausstellung zeigen und Theo Nolls Werke in Buchform dauerhaft präsentieren zu können sowie natürlich an den Künstler selbst. Schön, dass Sie gemeinsam dieses Erlebnis möglich gemacht haben!

Christian Vogel

ÖLMALEREI

„The inspiration and creativity of Theo Noll seem to have no limits. Within small spaces he continues to create entire worlds of beauty and excitement that grab the eye and won't let go.

I find his work intensely musical: his sense of balance and proportion remind me of Mozart; his wit recalls Haydn, and his sensuous and striking juxtapositions of colors bring Debussy to mind. There are few artists today whose work is so immediately accessible yet so long-lasting in appeal."

David Finckel
Artistic Director of the Chamber Music Society of Lincoln Center, New York, 2015

Die Bilder des Künstlers Theo Noll, die so wesentlich von der lebendigen Kombination von Form und Farbe bestimmt werden, erinnern in ihrer formalen Reduktion an die Hologramme des Bauhaus-Künstlers László Moholy-Nagy (1895–1946). Die Leuchtkraft der Farben, die Noll oft aus dem Dunkel entwickelt, ergibt sich wiederholt aus der Verwendung von Komplementärfarben. In anderen Arbeiten erreicht er die Bildwirkung über starke Hell-Dunkel-Kontraste, einem in der Kunstgeschichte vor allem in der Barockkunst als Chiaroscuro bekannten Gestaltungsmittel, das den Arbeiten Nolls eine hohe Plastizität verleiht. Doch auch wenn der Betrachter die Werke automatisch in die Nähe ihm bekannter Objekte einordnet, so sind die Arbeiten Theo Nolls weder einem künstlerischen Manifest verpflichtet noch folgt er den Vorgaben oder Idealen einer an bestimmte Persönlichkeiten gebundenen Kunstschule.

Die einzigartige Bildästhetik geht bei Nolls Arbeiten in entscheidender Weise aus einer von ihm entwickelten Technik hervor, die Elemente der klassischen Ölmalerei mit Arbeitsschritten aus der Druckgraphik kombiniert.

Seit mehr als zwanzig Jahren arbeitet Noll mit dieser Malweise, die er mit Blick auf die innere Stimmigkeit seiner Werke optimiert hat. Zu beobachten ist, dass Noll sich von der frühen Verwendung erdiger und warmer Farben entfernt hat und in jüngst entstandenen Gemälden bevorzugt leuchtende, helle Töne verwendet. Der Künstler nutzt als Bildträger ausnahmslos versiegelte Pappen, auf die verschiedene Farbschichten aufgebracht werden.

Mit zum Teil selbst entwickelten Werkzeugen aus Metall oder Plastik trägt er in einem weiteren Arbeitsschritt Muster und Formen von der obersten Farbschicht ab, so dass weiter unten liegende Ölfarben flächig oder auch nur konturenhaft sichtbar werden und durchscheinen. Letztlich bestimmt die angewendete Technik auch die Formate: Noll bringt die Formen zumeist in einem Arbeitsschritt auf den Bildträger, ohne dabei das eingesetzte Werkzeug abzusetzen. Die Größe wird dementsprechend wesentlich durch den von der eigenen Armlänge definierten Arbeitsbereich bestimmt. Auf vielen Arbeiten verbinden vertikale, horizontale, insbesondere aber frei verlaufende Strukturen die Bildränder miteinander.

Die Formen assoziiert der Betrachter vielfach mit floralen Motiven, es bleibt aber offen, ob Noll die Fährten bewusst gelegt hat oder ob sich die Verknüpfungen ganz subjektiv bei der Betrachtung der Werke ergeben. Vergleichbar etwa mit den wandelbaren Bildern, die vorbeiziehende Wolken in jedem einzelnen von uns auslösen, aber vielfach unterschiedlich interpretiert werden.

Noll fertigt Serien, die farblich und formal aneinander anknüpfen und wechselseitig auf sich verweisen. Der Begriff der Serie ist allerdings nicht klassisch kunstgeschichtlich zu verstehen. Die Arbeiten zeigen keinen szenischen oder narrativen Ablauf. Anders als Bilder in Zyklen, Folgen oder Serien, in denen jede dargestellte Szene einen festgelegten Platz im Erzählstrang einnimmt, können Nolls Werke für sich allein oder im freien Zusammenspiel wirken.

Bemerkenswert ist die enge Verbindung der Kunstwerke mit musikalischen Impressionen. Nicht im Sinne von Modest Petrowitsch Mussorgskis bekanntem Klavierzyklus „Bilder einer Ausstellung“ (1874), in der die einzelnen Sätze musikalisch Objekte wie Gemälde und Zeichnungen beschreiben. Auch lassen sich keine neu entwickelten Notationen aus den Arbeiten Nolls herauslesen oder die Abbildung von Schwingungen oder Schallwellen beobachten. Vielmehr bildet Noll in seinen Arbeiten Klangfarben wie Rhythmisierungen ab, die ihm möglicherweise Inspiration oder Anstoß zur Anlage seiner Bilder waren.

Es wäre freilich falsch zu behaupten, dass die Werke aus sich heraus klingen würden, dennoch verweisen die linienbasierten Strukturen unüberhörbar visuell auf akustische Vorlagen.

Das Zusammenspiel von Form und Farbe bestimmt die Einzigartigkeit der Werke Nolls. Damit steht er für eine bemerkenswerte künstlerische Position, die in verschiedene Richtungen weist, letztlich aber für sich allein steht.

Ulf Sölter
Stellvertretender Leiter
des Clemens-Sels-Museums, Neuss, 2014

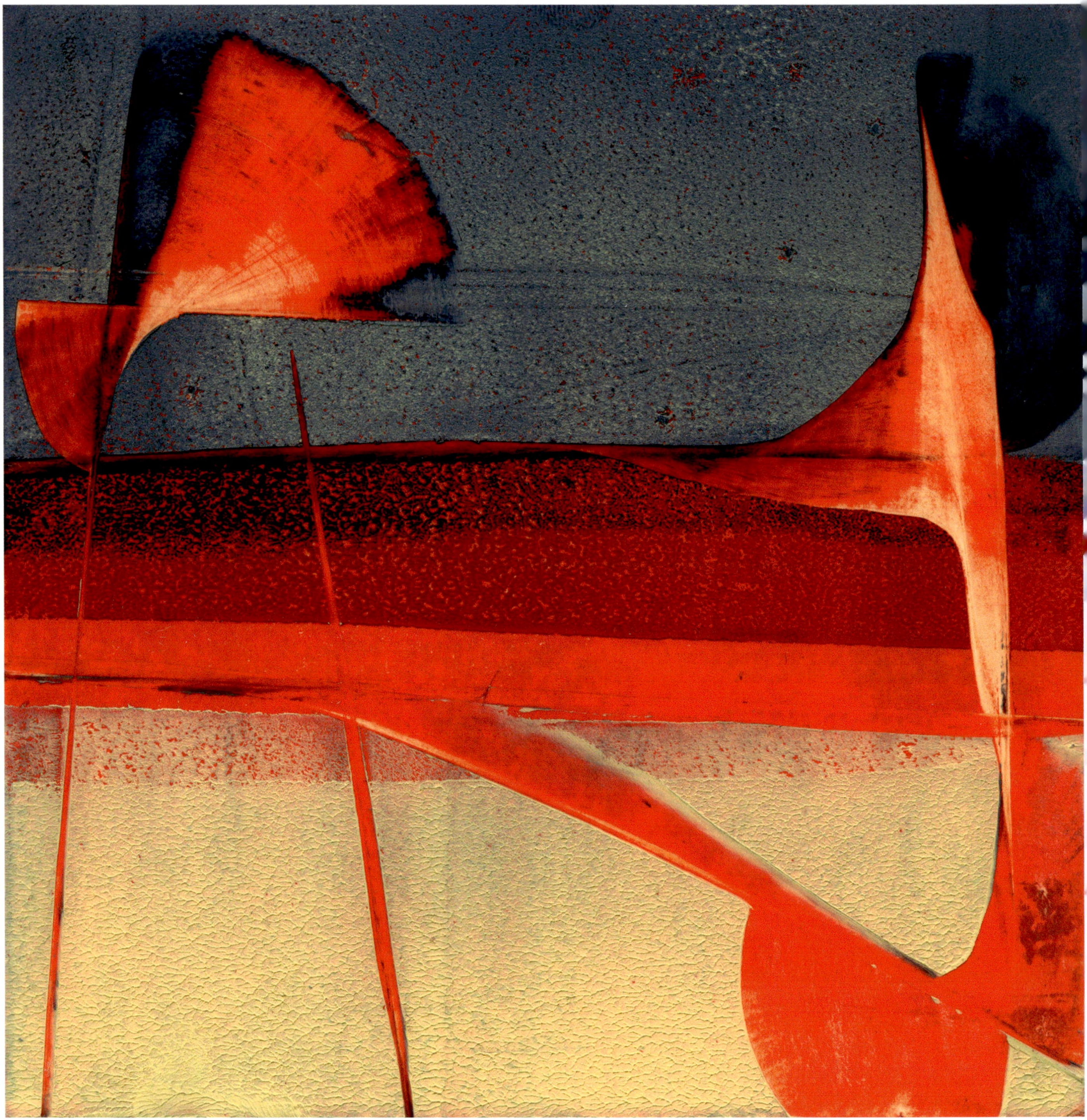

o.T., 2005, 16 x 16 cm (T215)

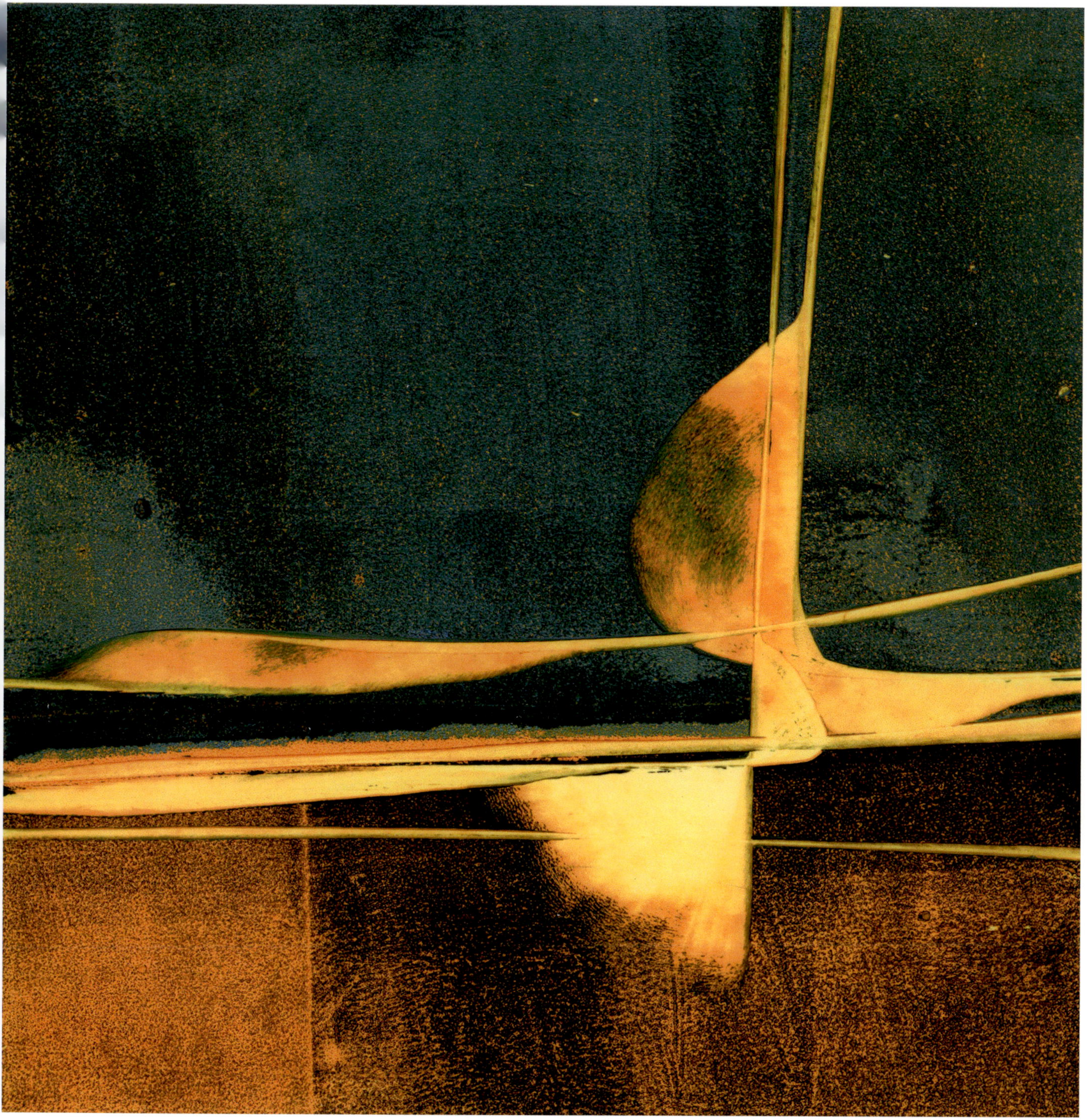

13

o.T., 2010, 20 x 20 cm (T445)

14

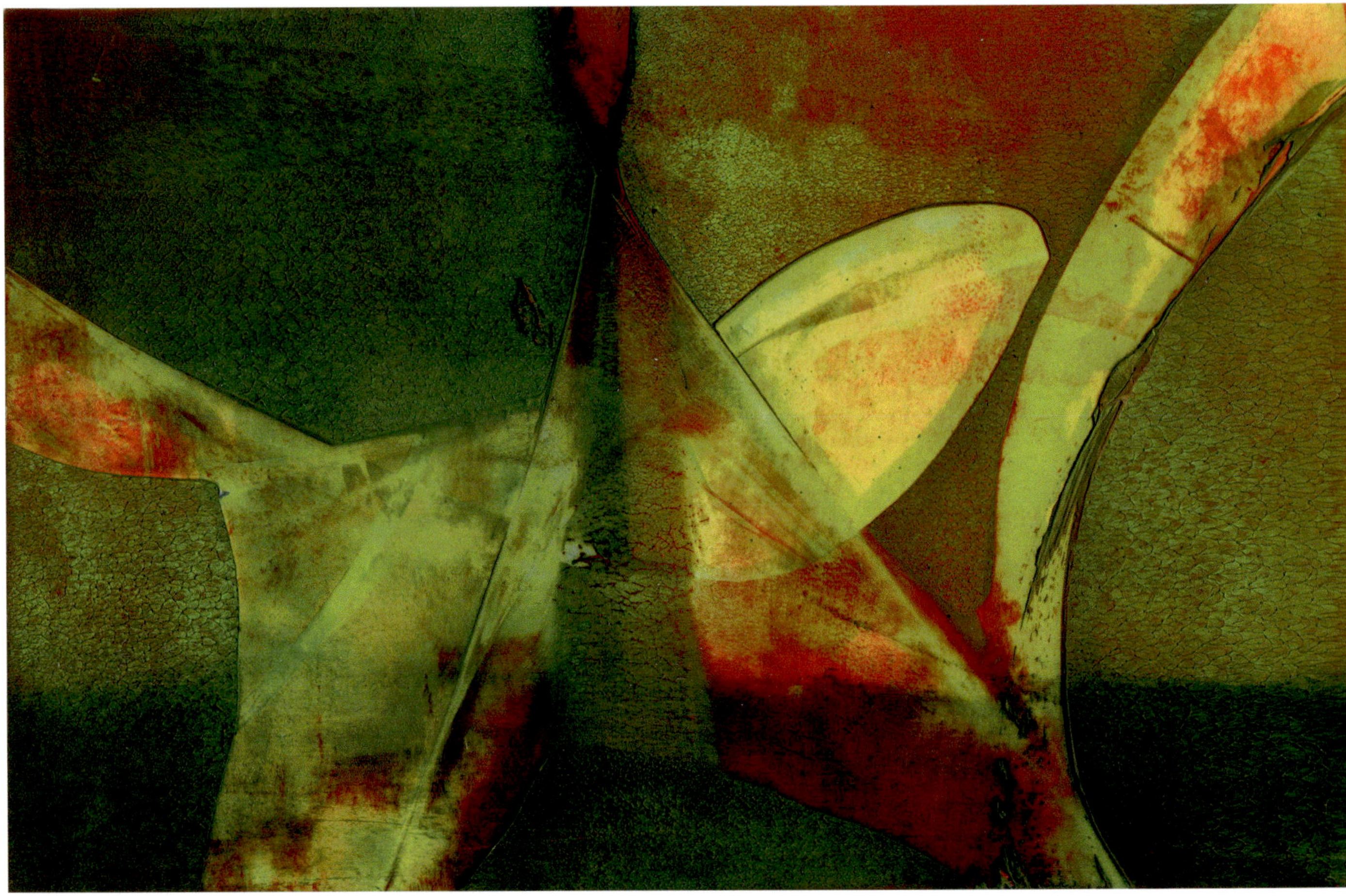

o.T., 2002, 17,5 x 27 cm (P18)

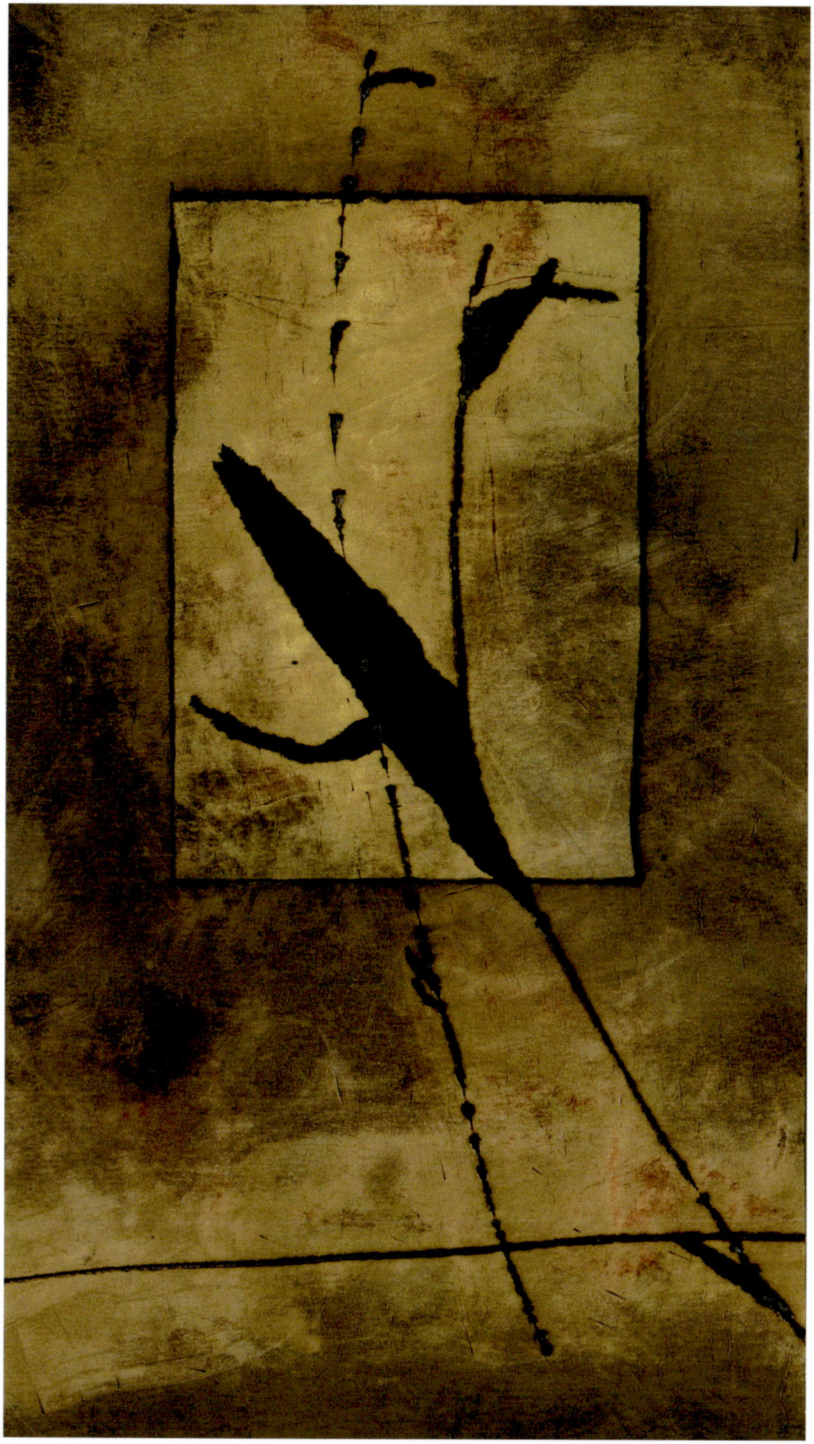

15

o.T., 1998
45 x 25 cm
(P44)

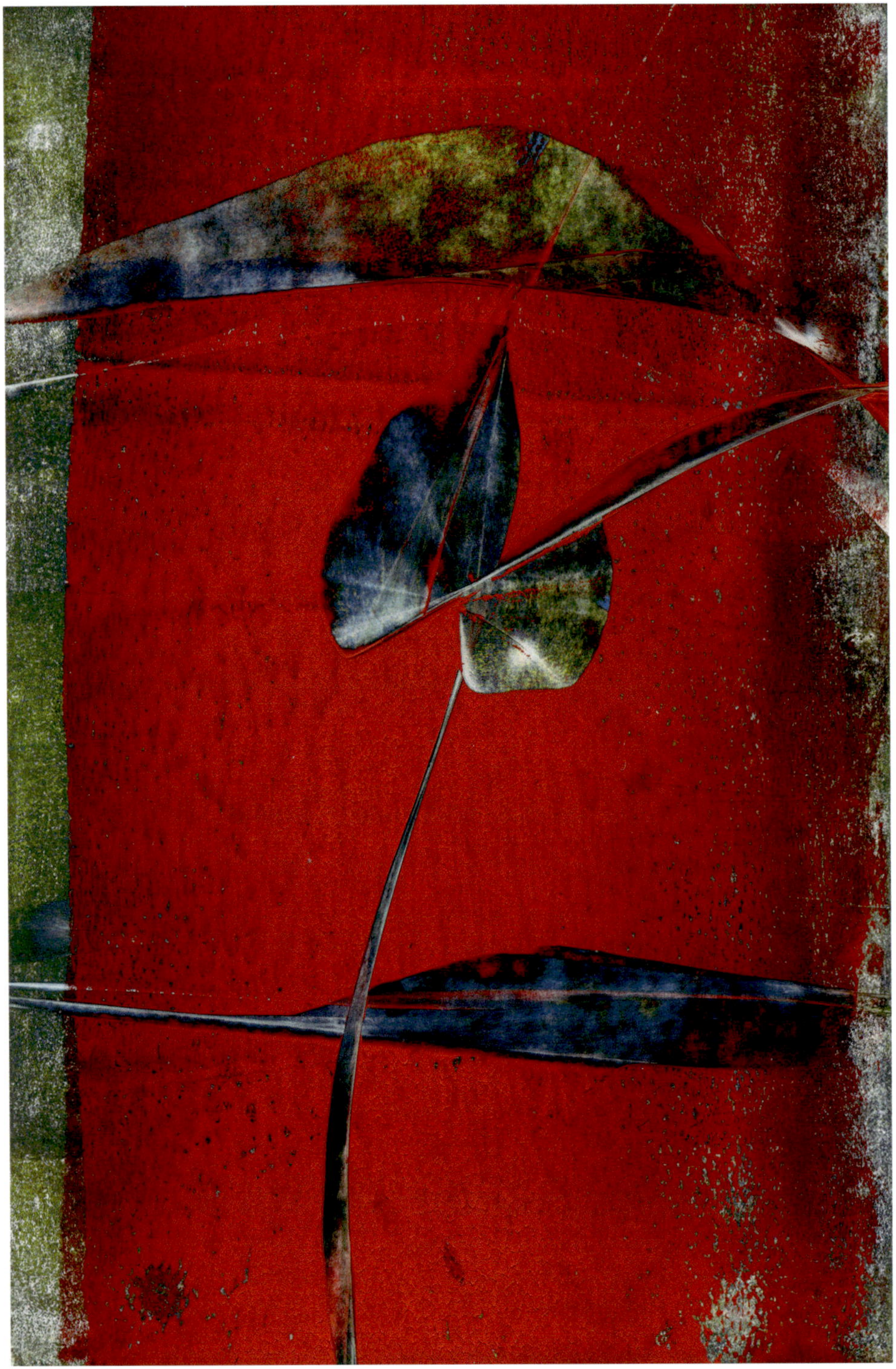

Zeitlose
2002
30 x 20 cm

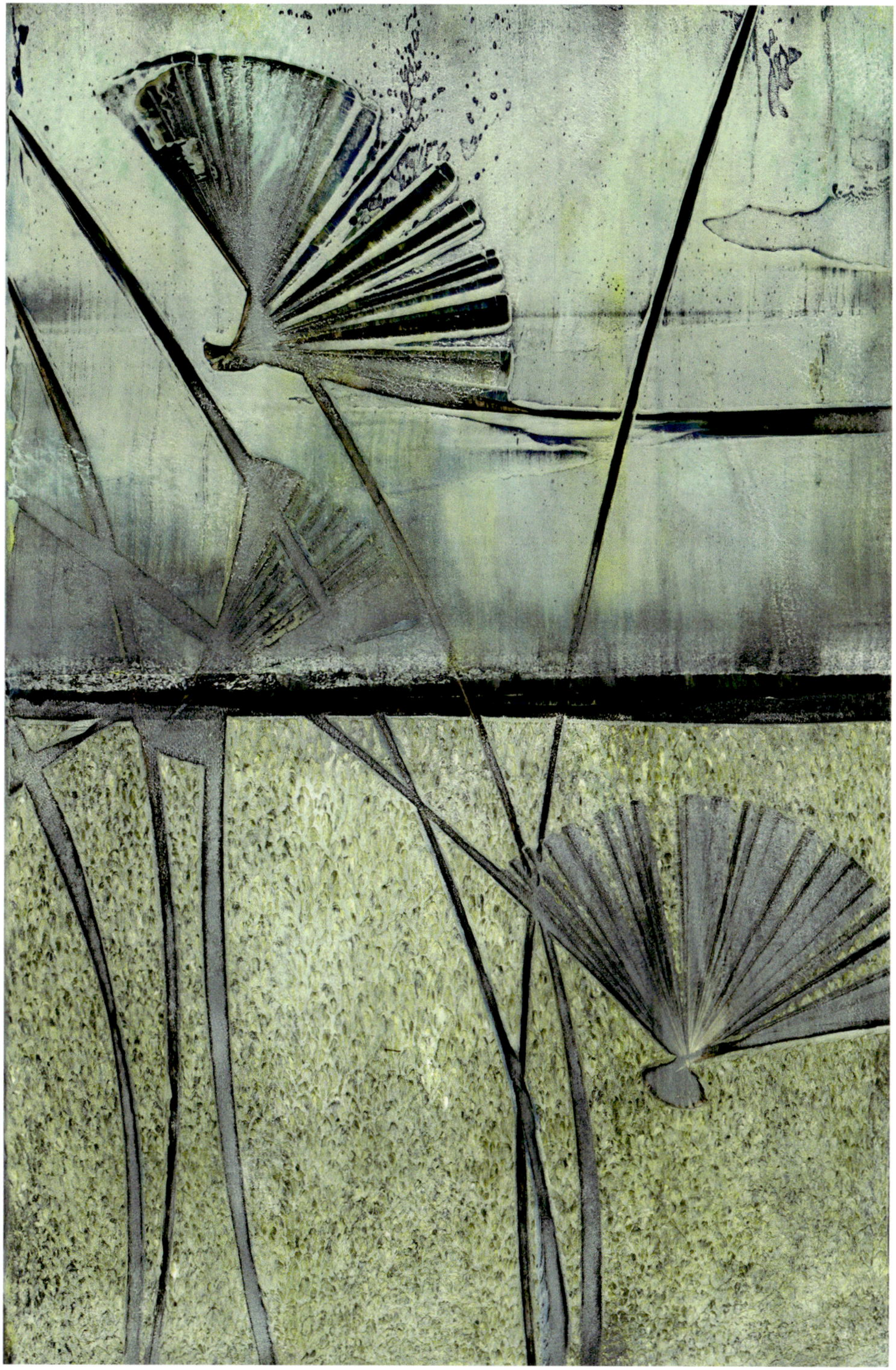

Eisblume
2005
30 x 20 cm

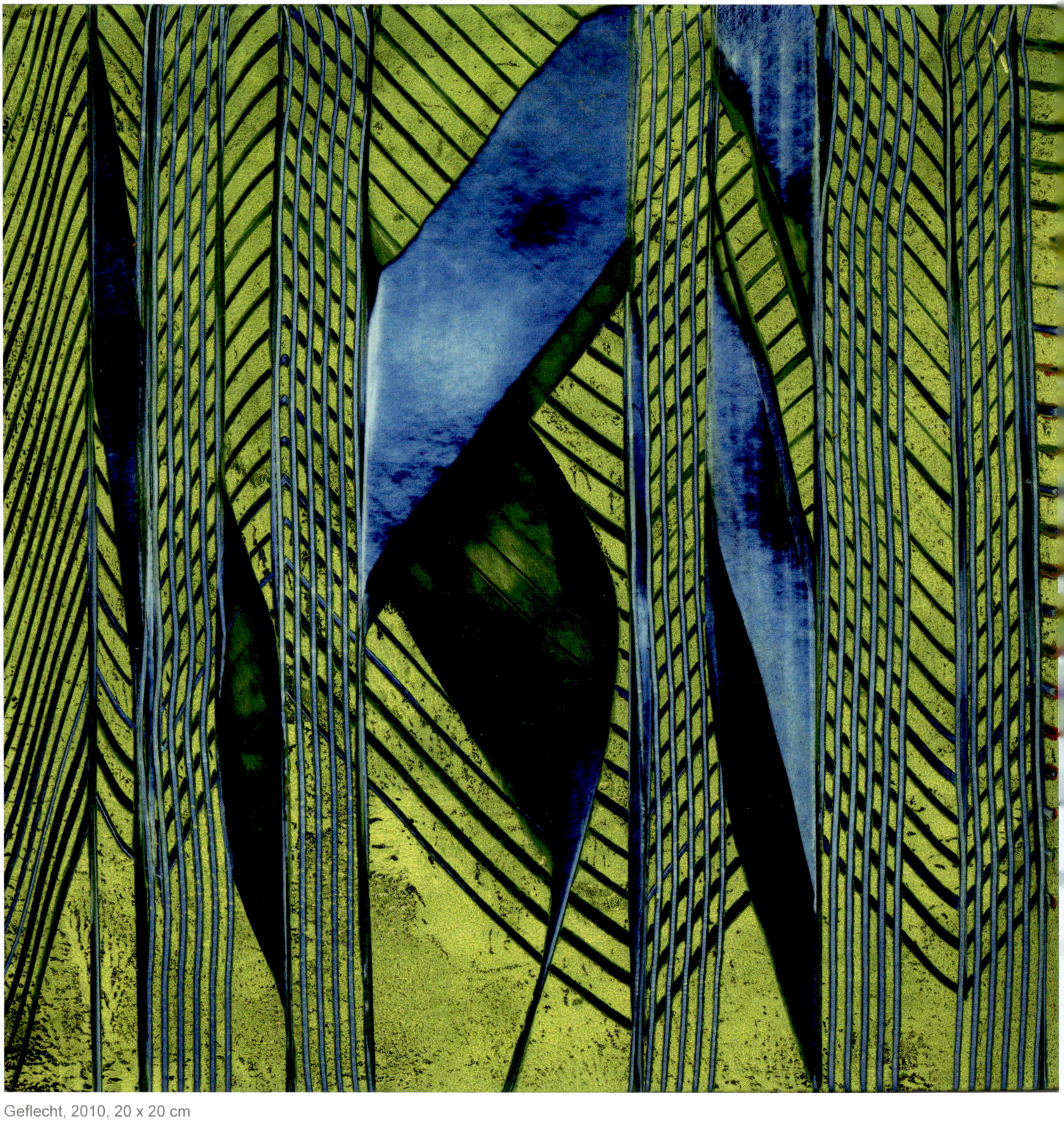

Geflecht, 2010, 20 x 20 cm

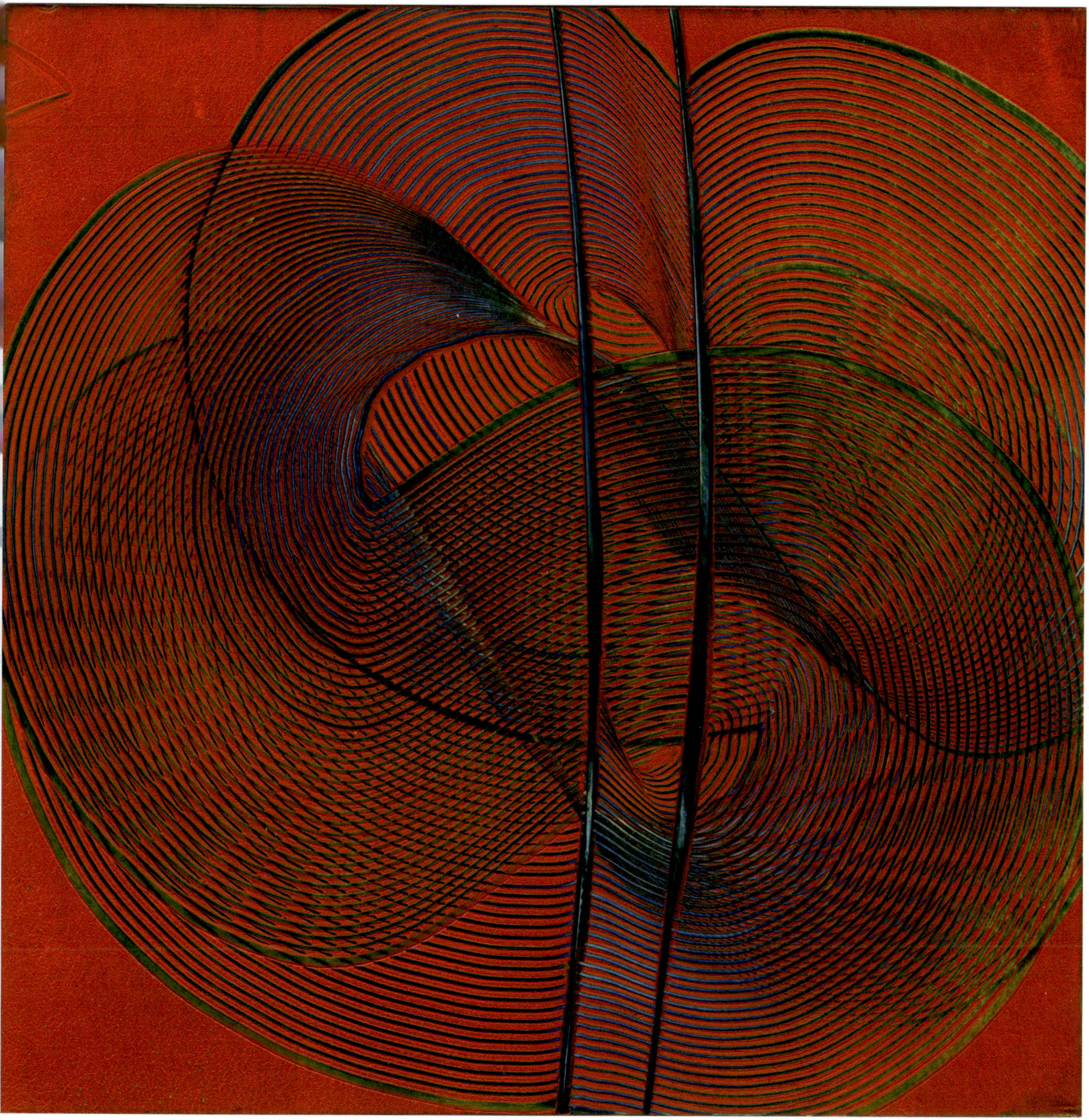

Jean Baptiste Moiré, 2010, 20 x 20 cm

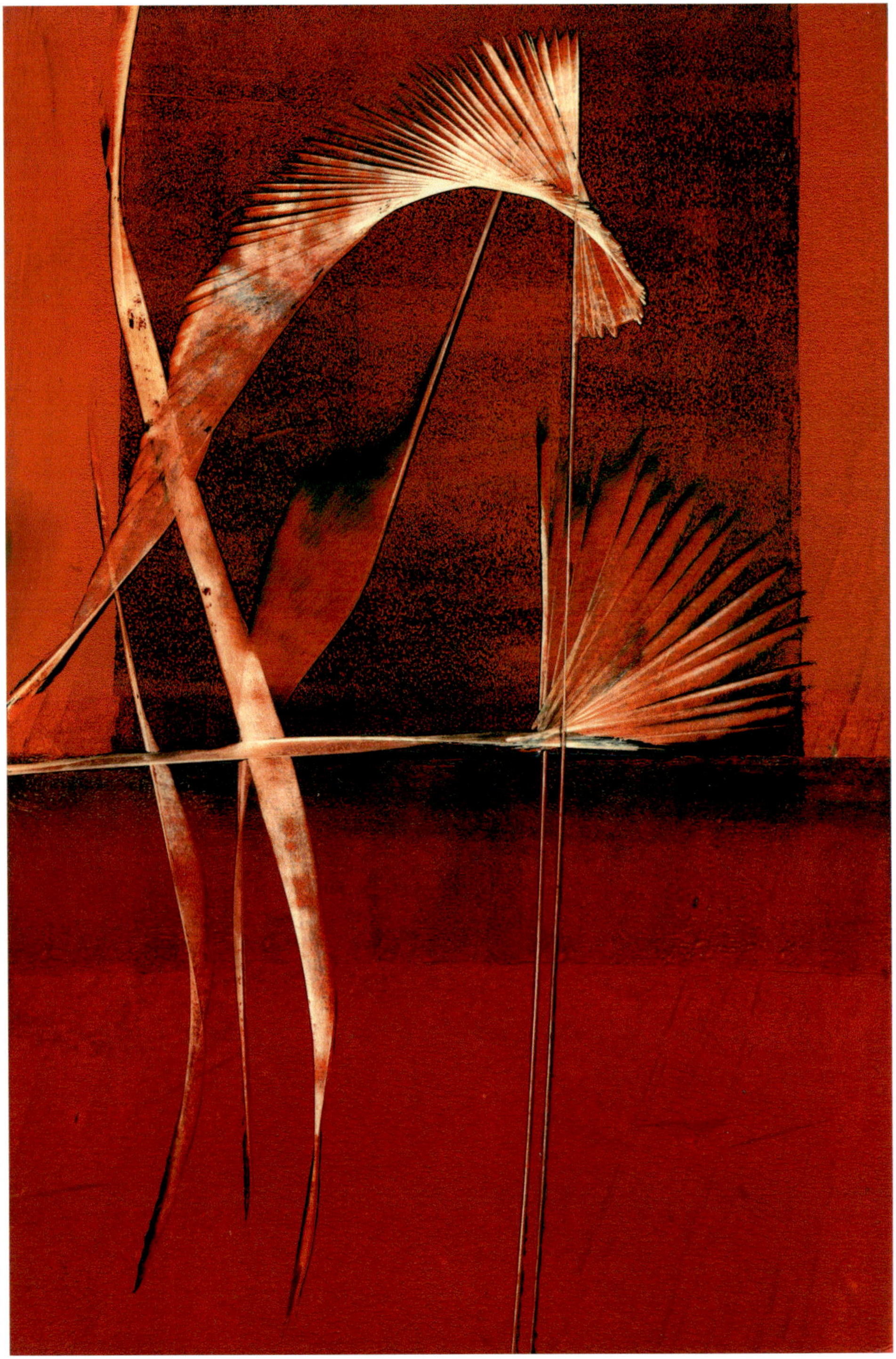

o.T., 2005
30 x 20 cm
(T183)

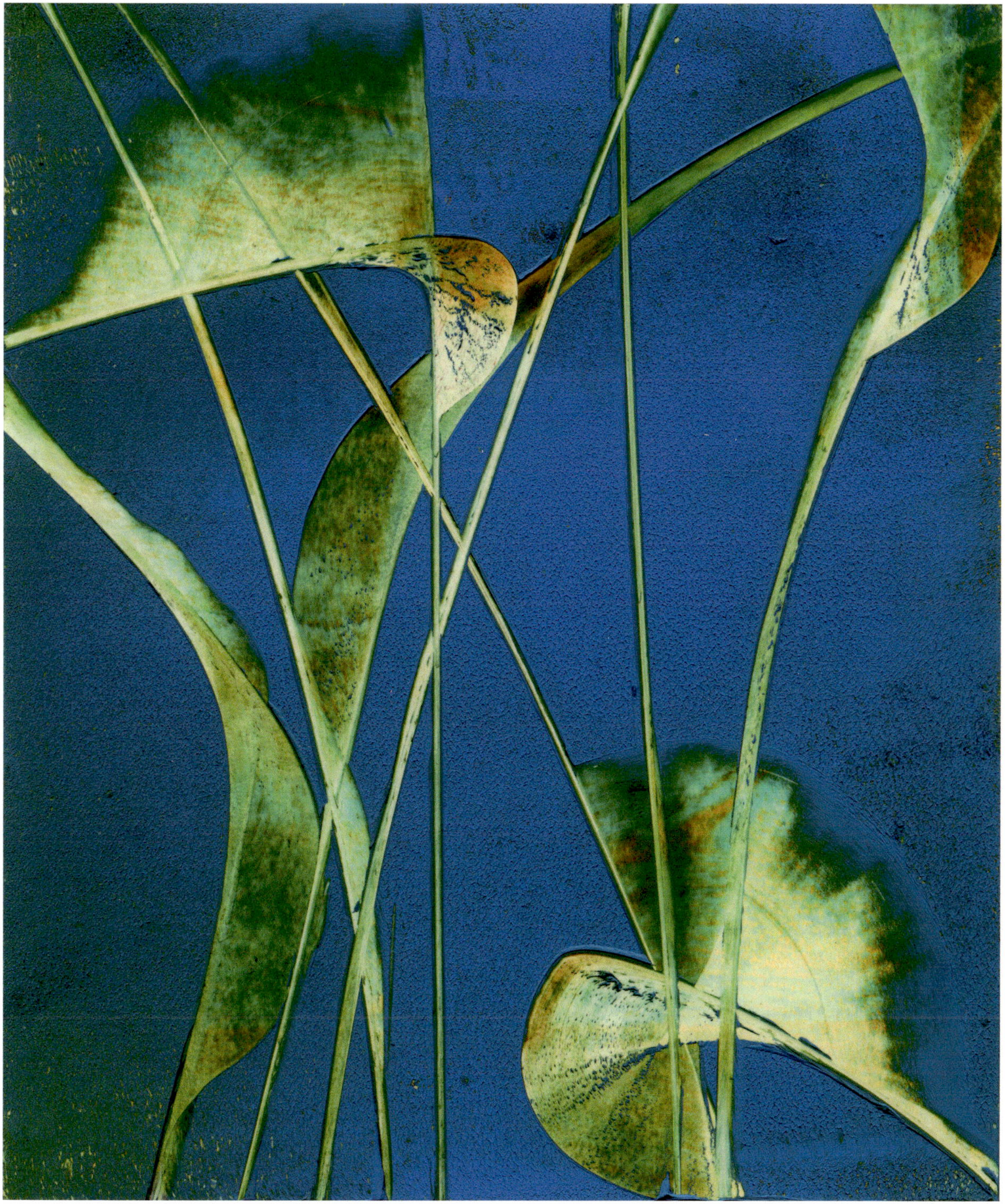

o.T., 2007, 17,5 x 15 cm (P25)

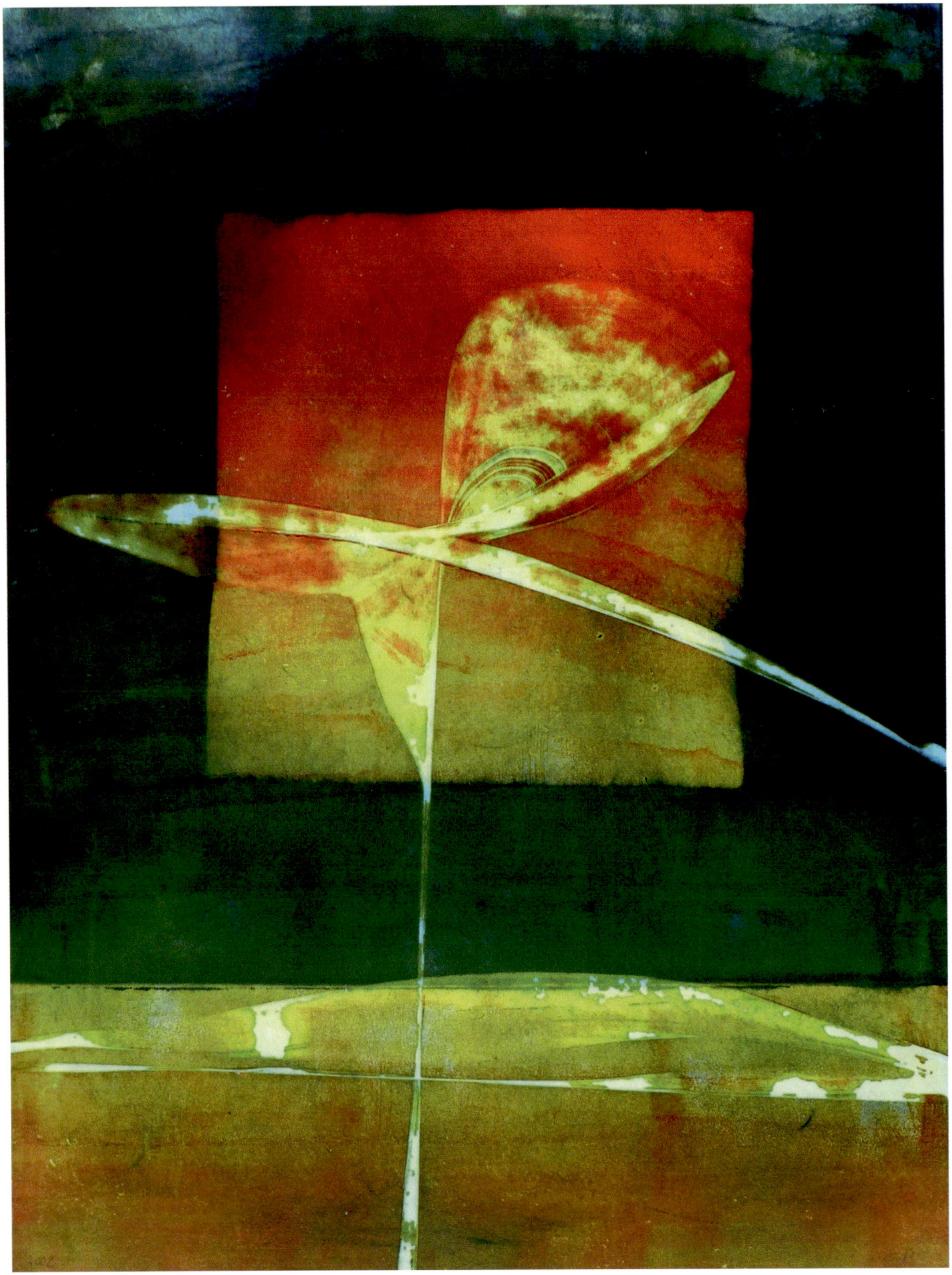

o.T., 2002
47 x 35,5 cm
(P30)

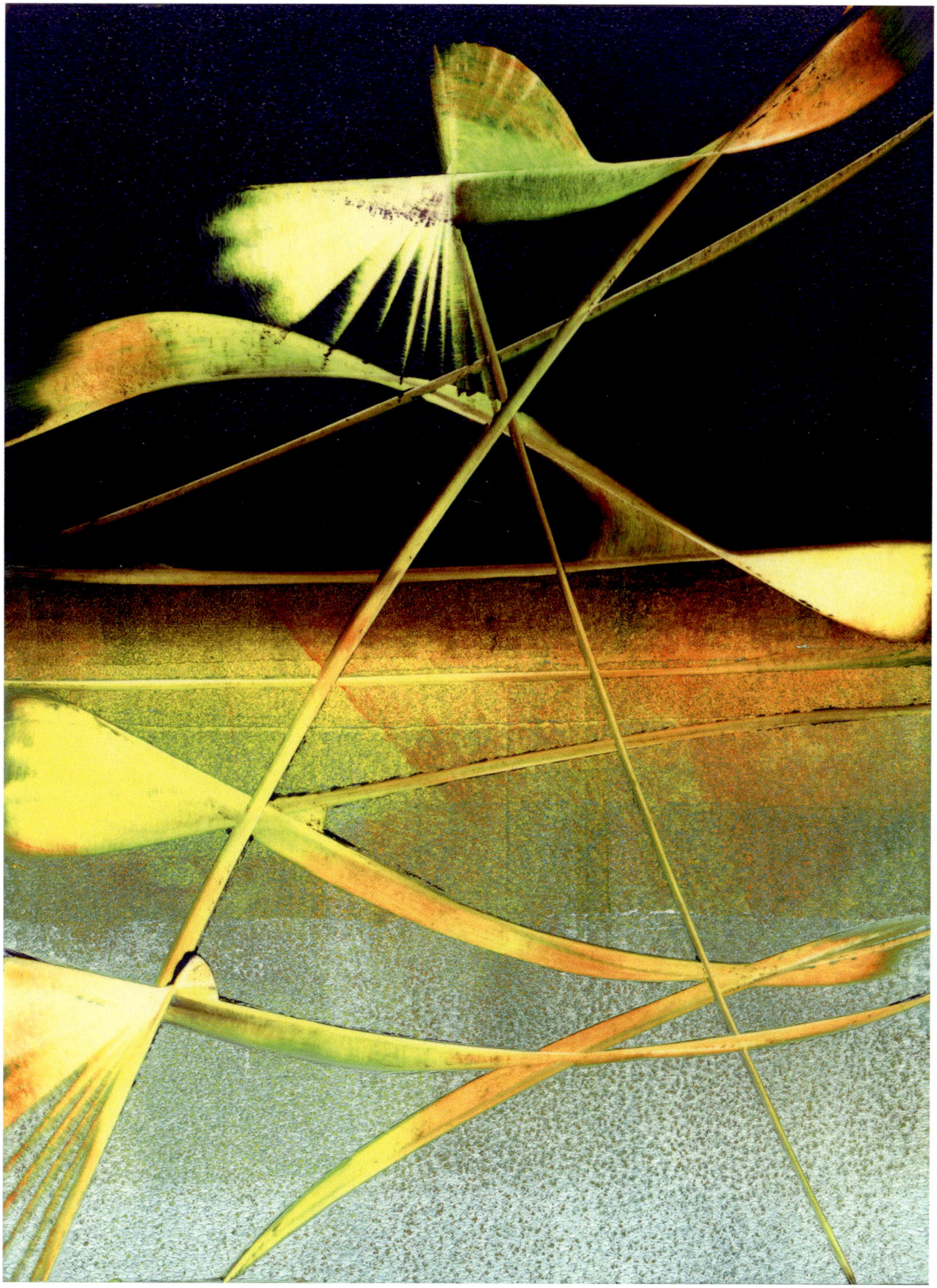

o.T., 2015, 20 x 15 cm (T413)

24

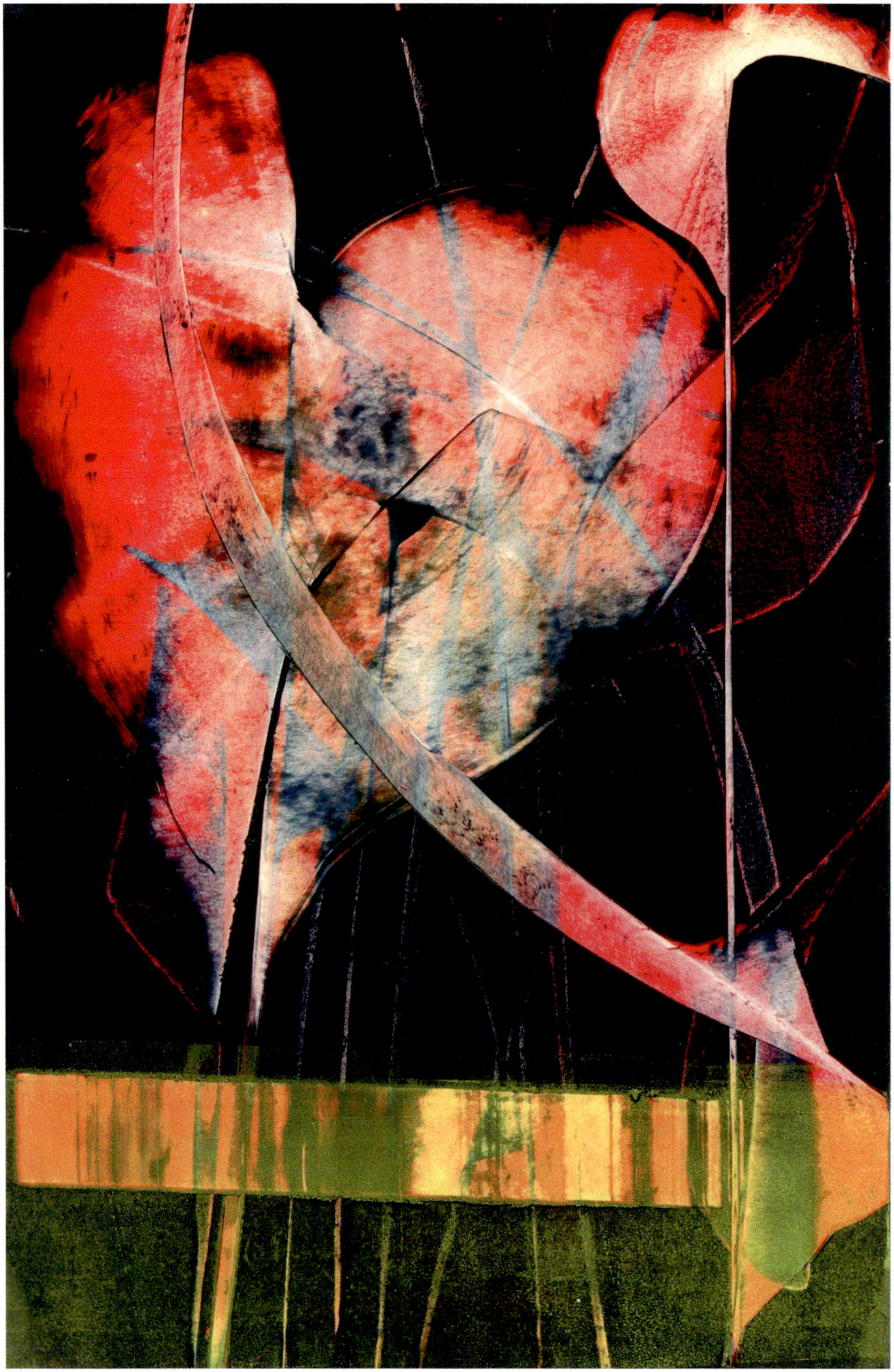

o.T., 2008
30 x 20 cm
(T320)

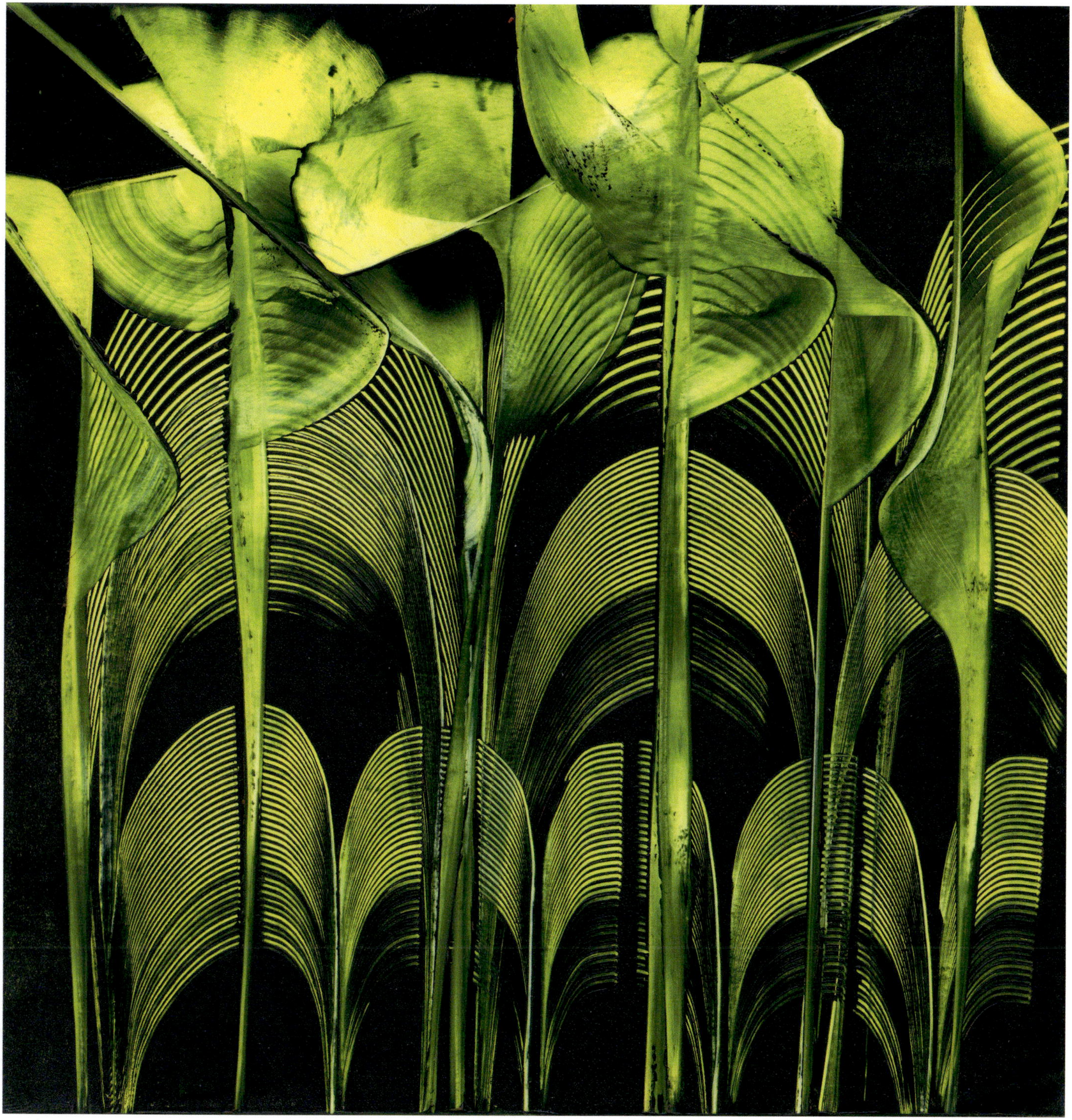

Frequenz, 2010, 20 x 20 cm

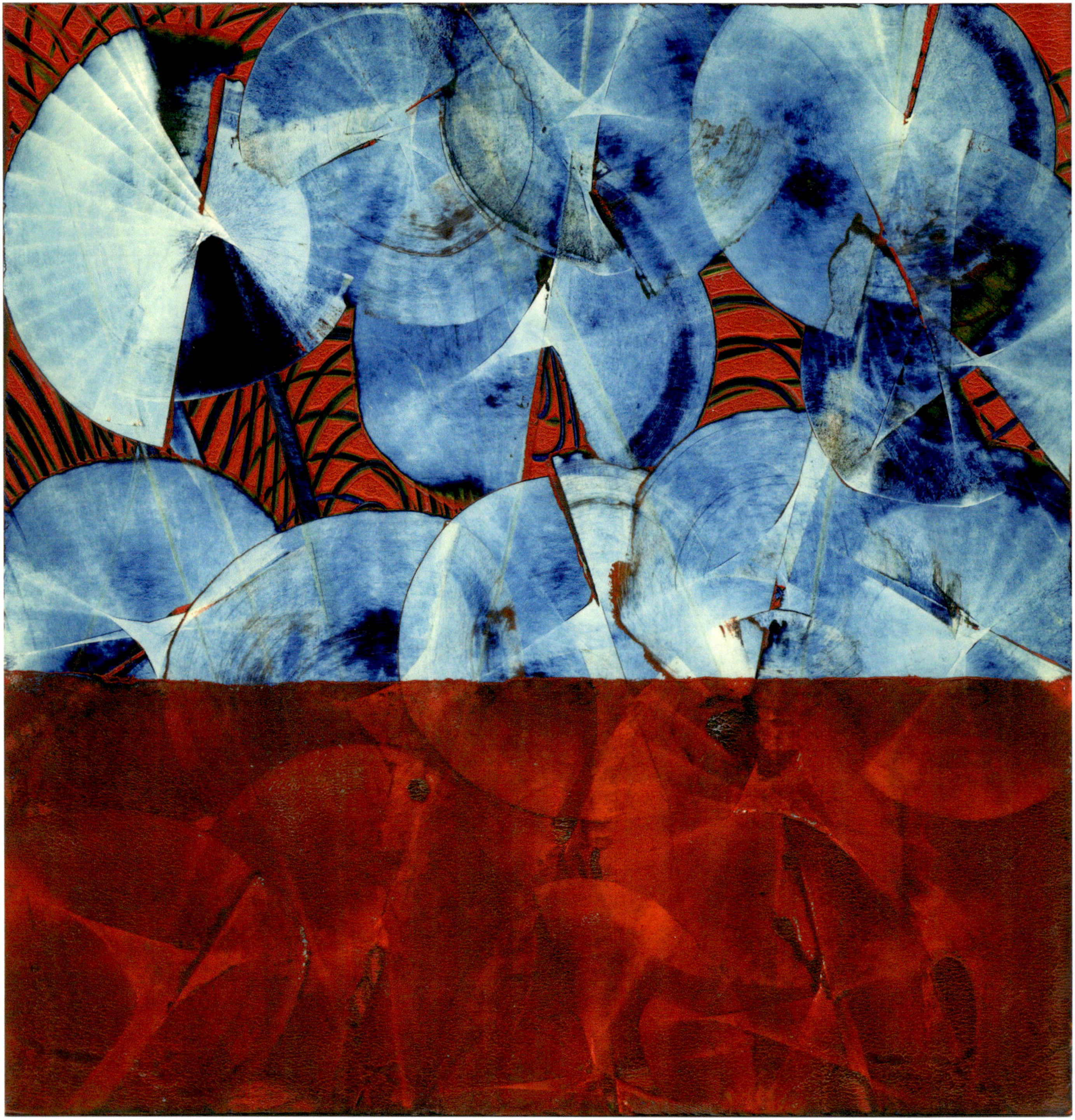

Potpourri, 2010, 20 x 20 cm

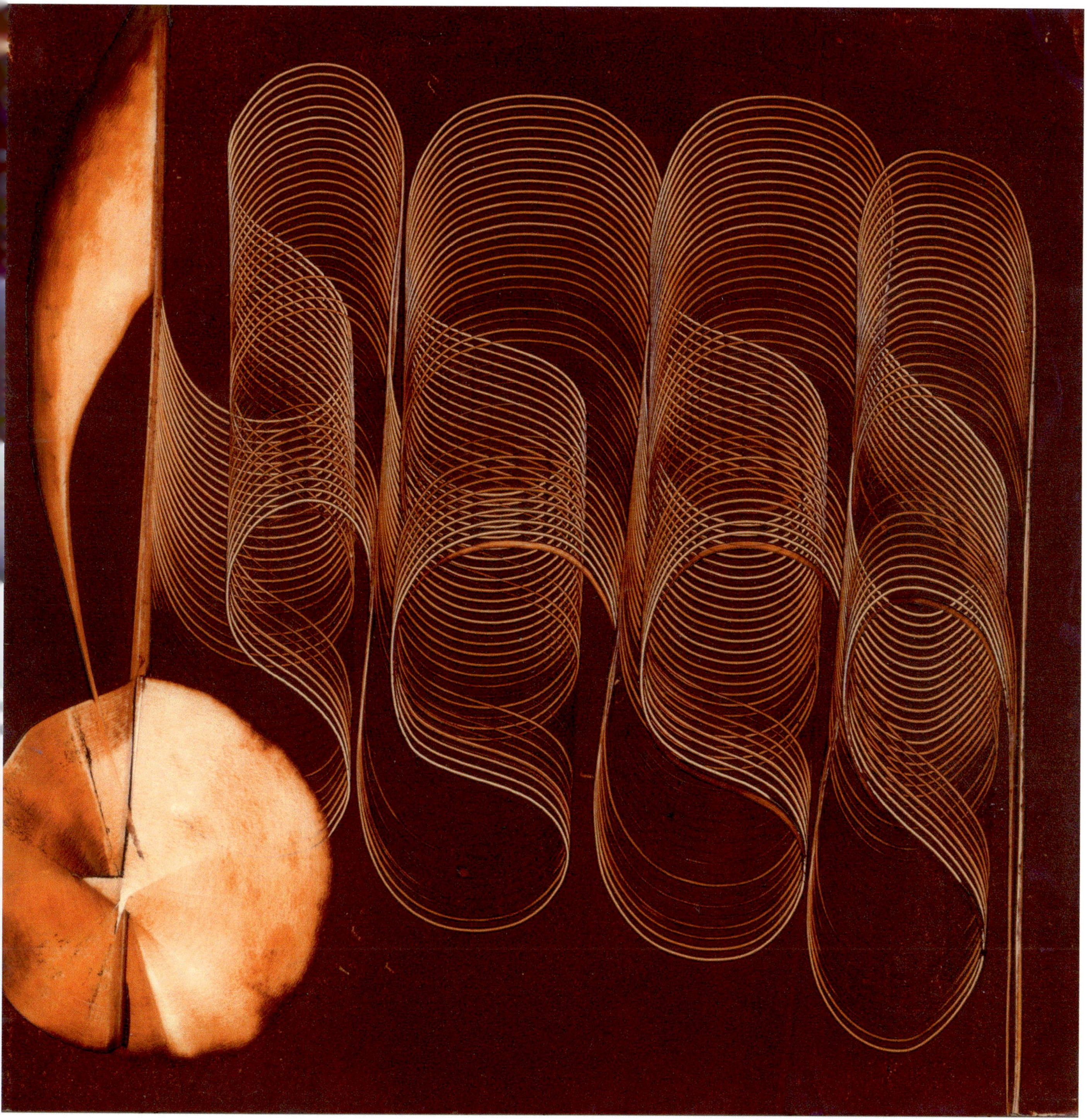

Endlosschleife, 2010, 20 x 20 cm

28

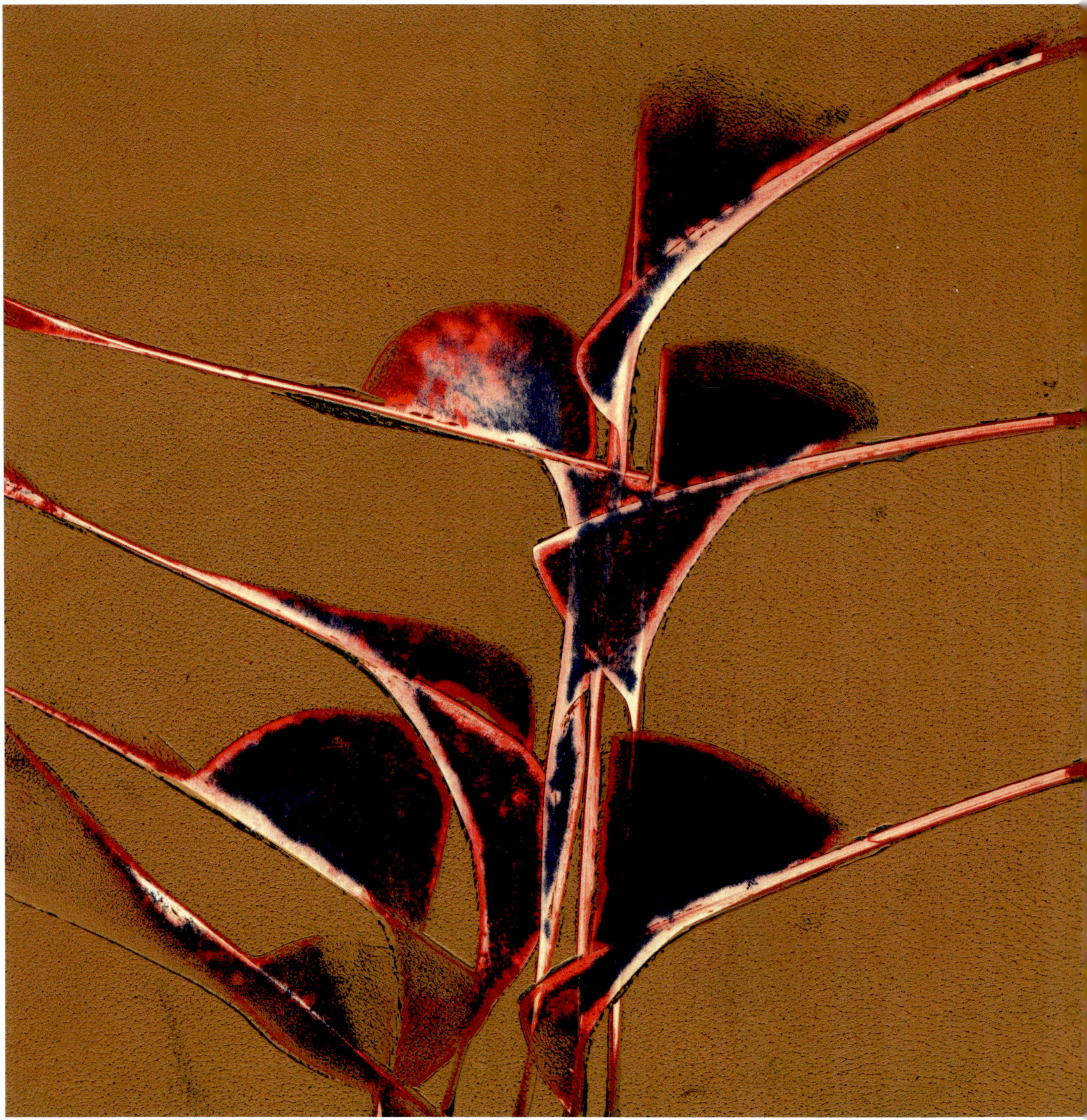

Spross, 2008, 20 x 20 cm

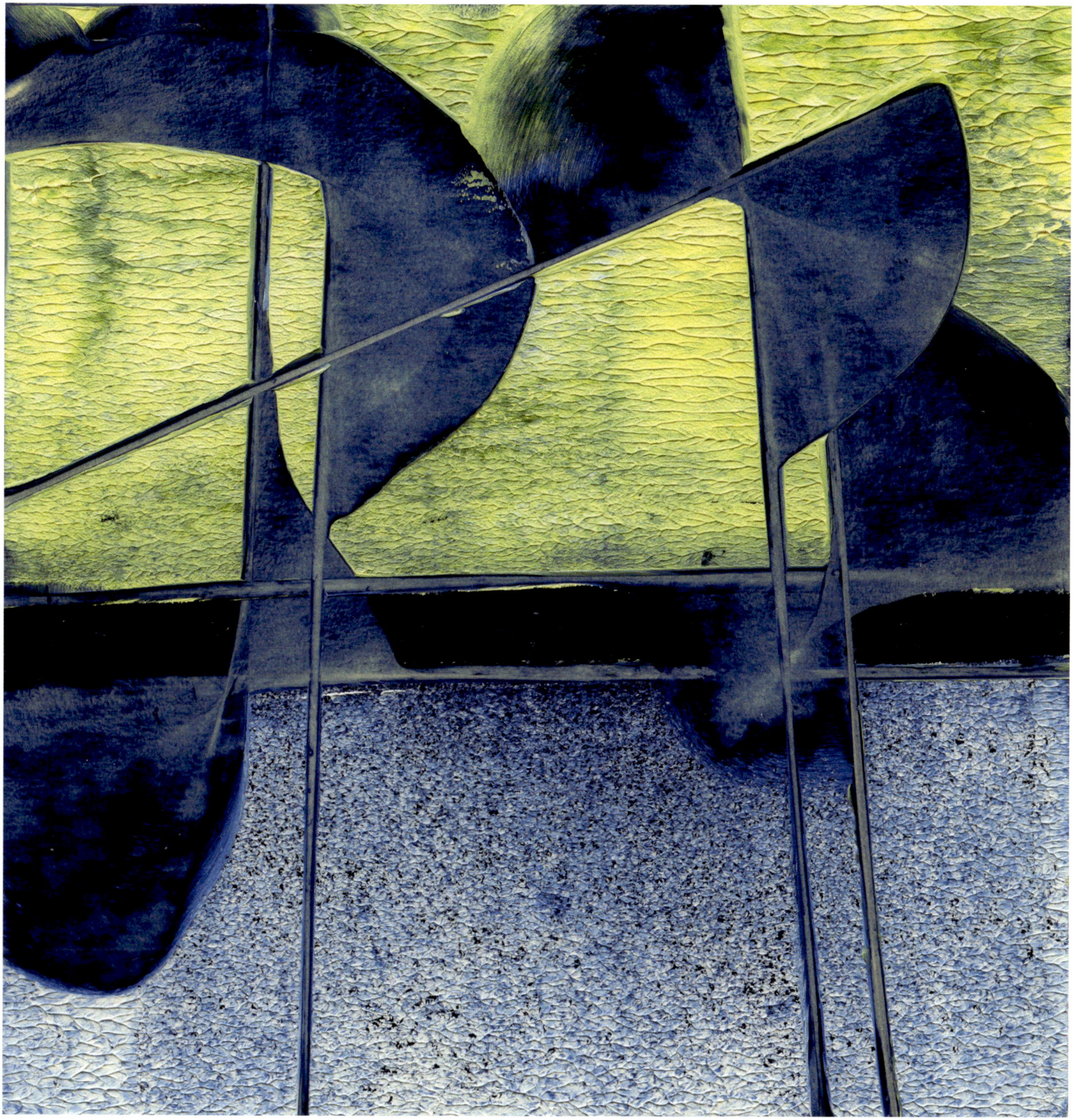

o.T., 2009, 14 x 14 cm (T398)

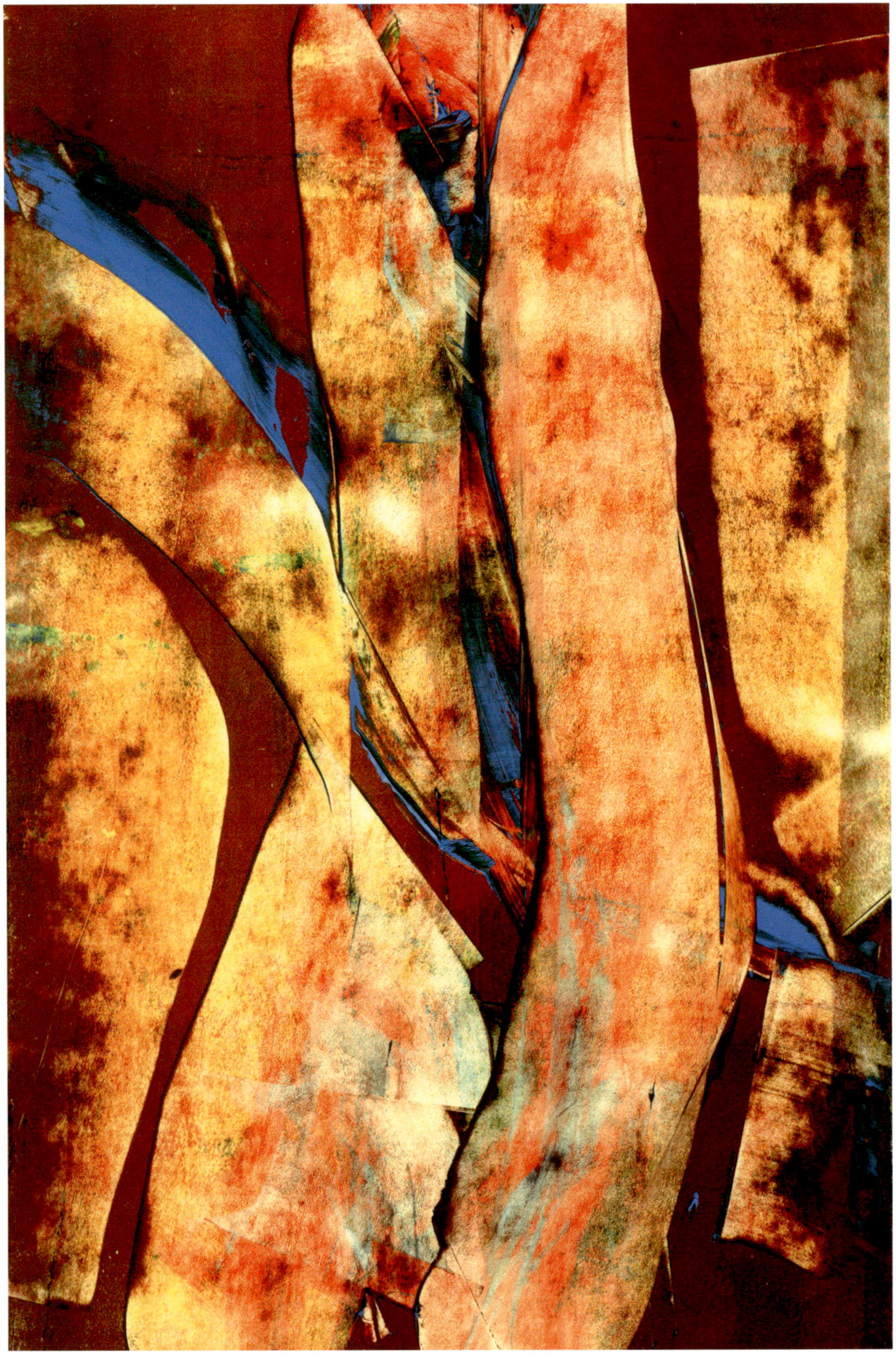

Struktur, 2002, 30 x 20 cm

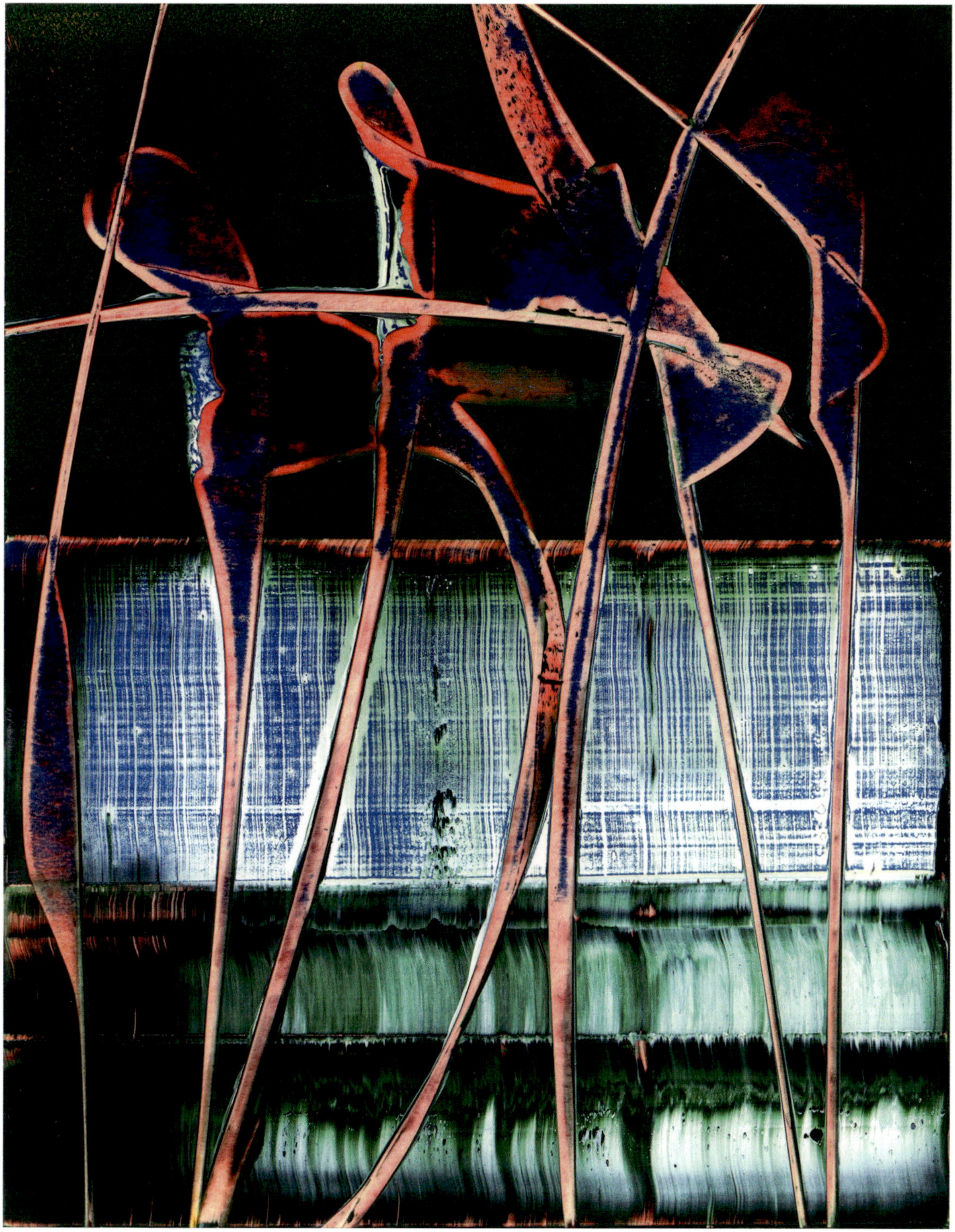

Gestade, 2001, 25 x 20 cm

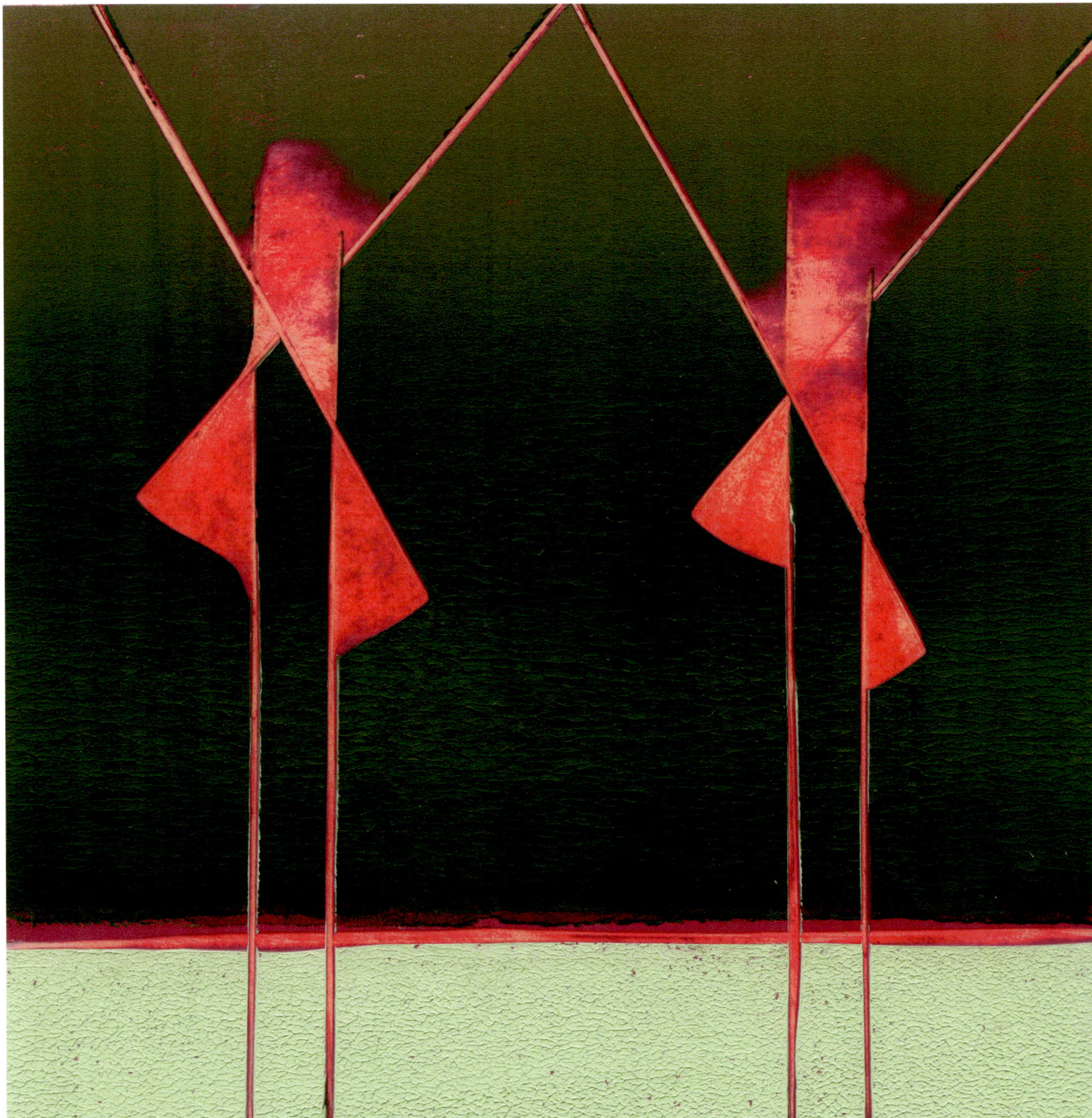

Synchron, 2005, 18 x 18 cm

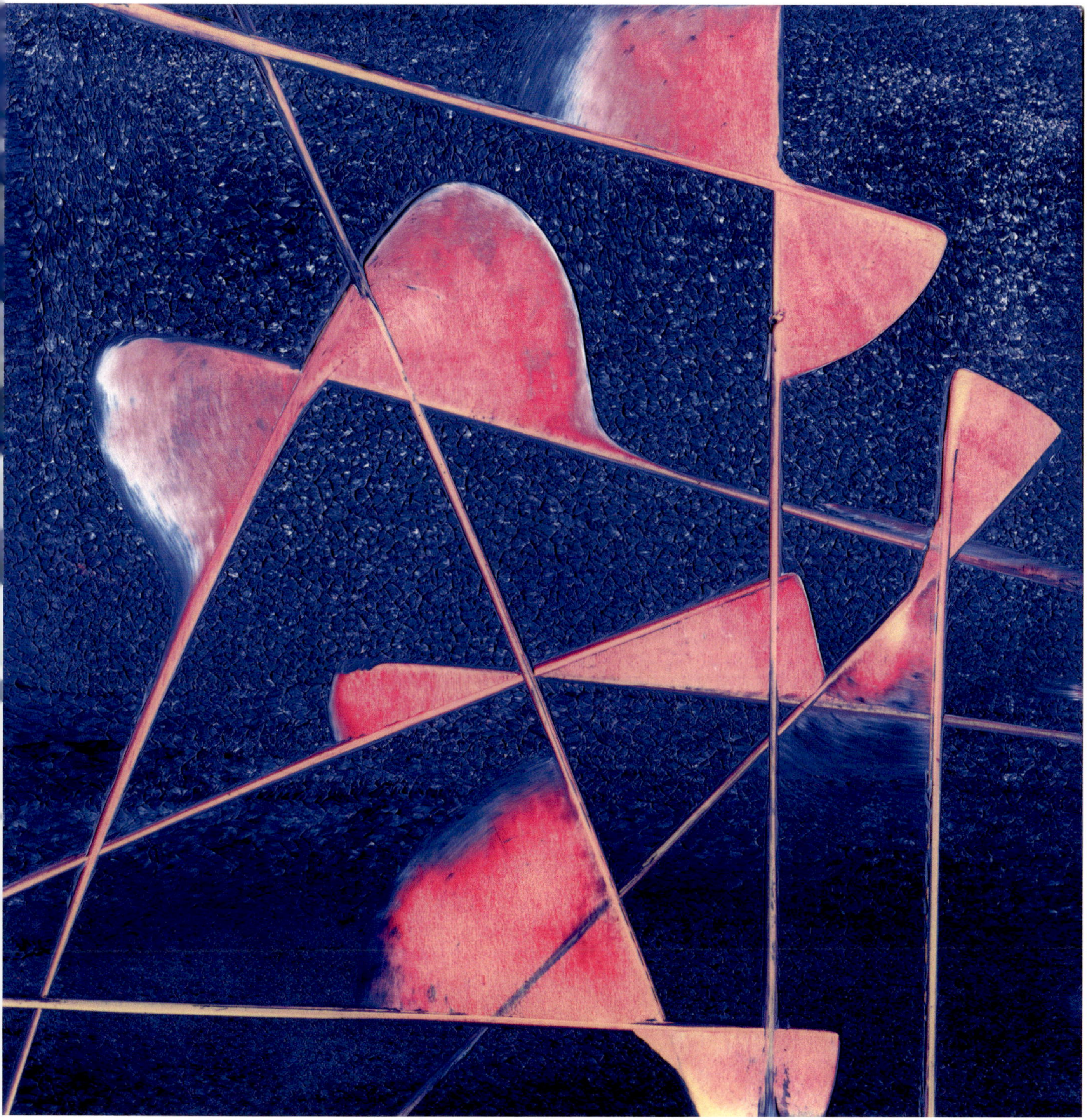

o.T., 2007, 15 x 15 cm (T295)

34

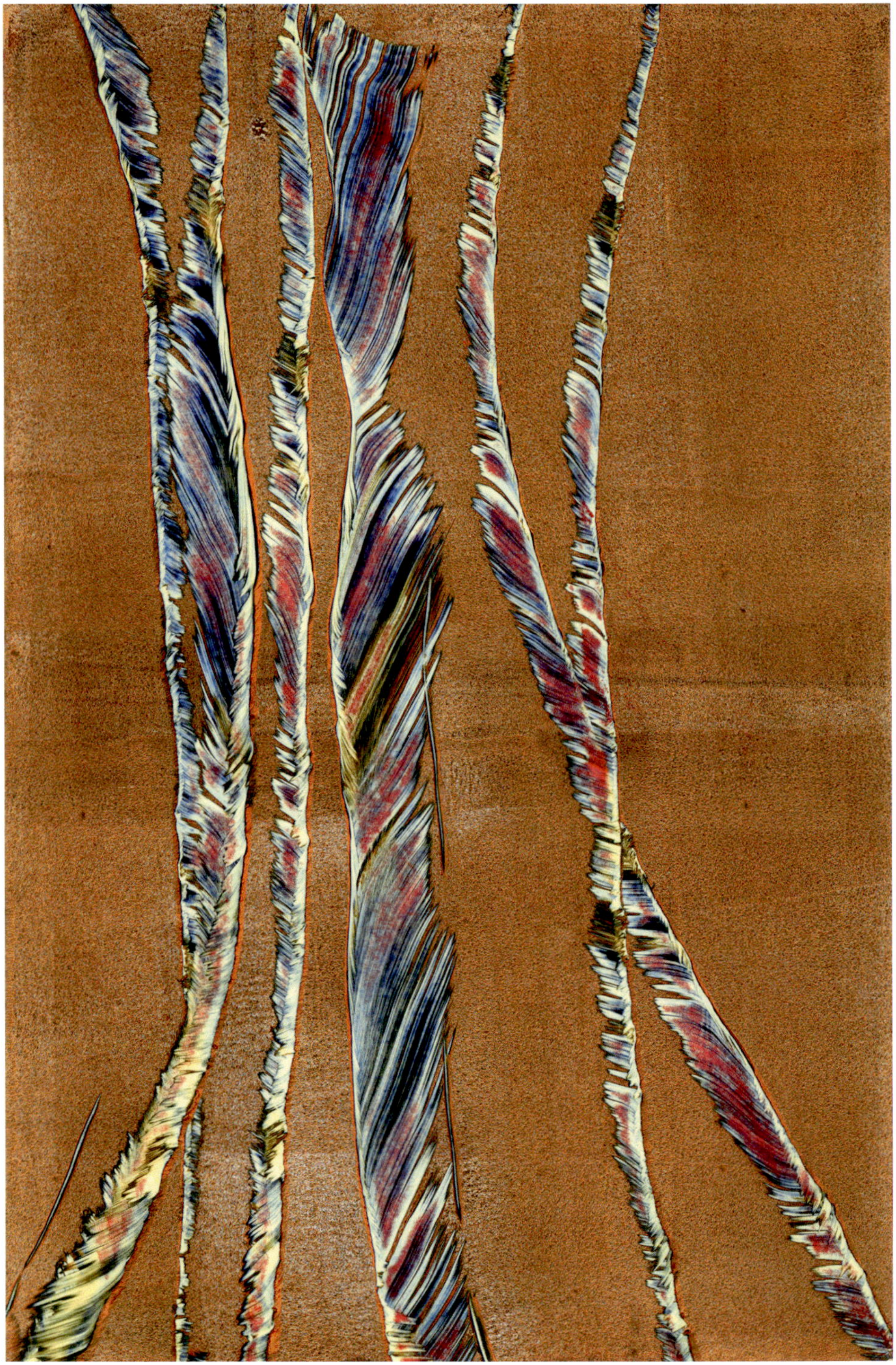

Gebündel, 2002
30 x 20 cm

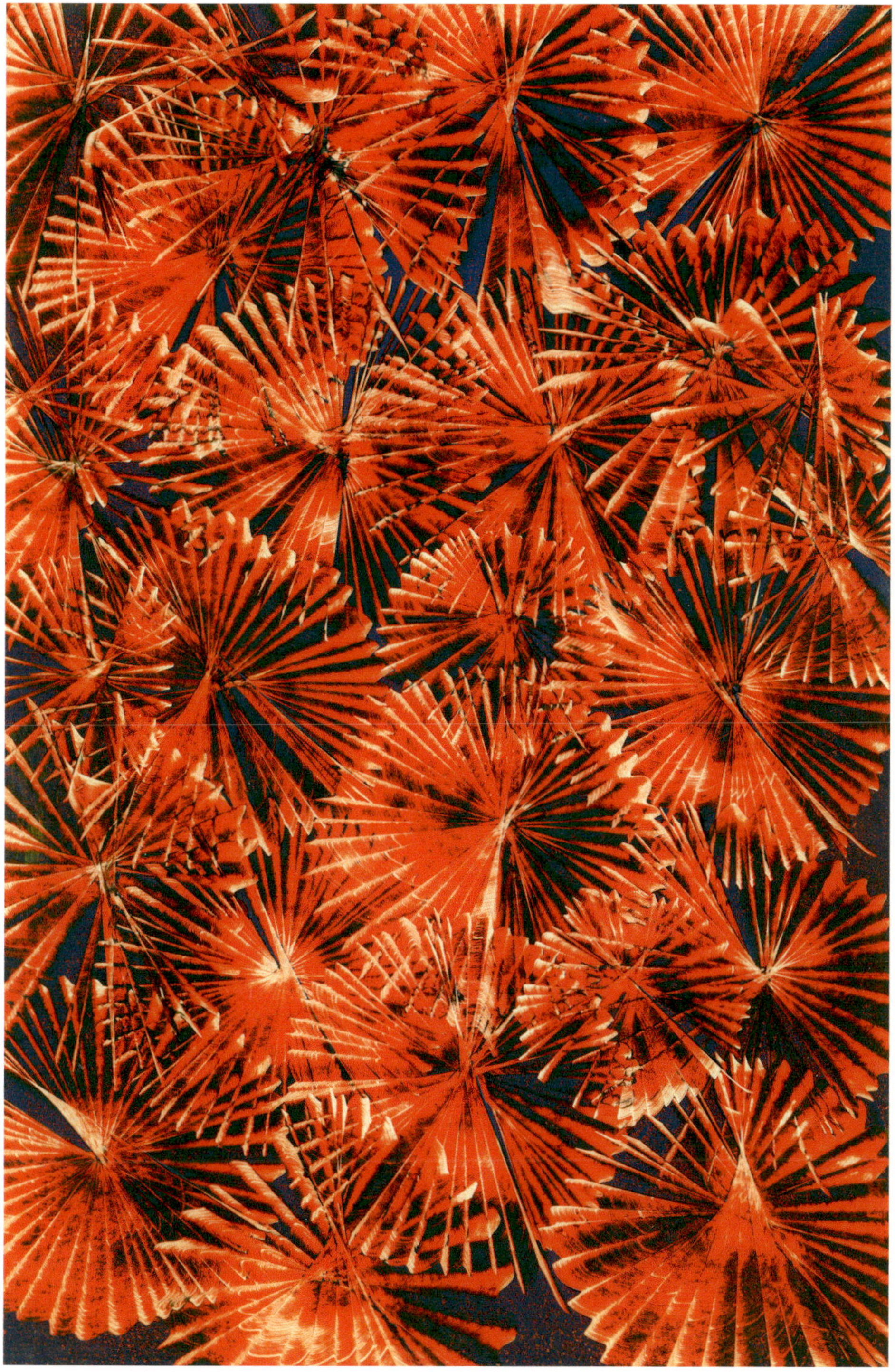

Feuerwerk, 2007
30 x 20 cm

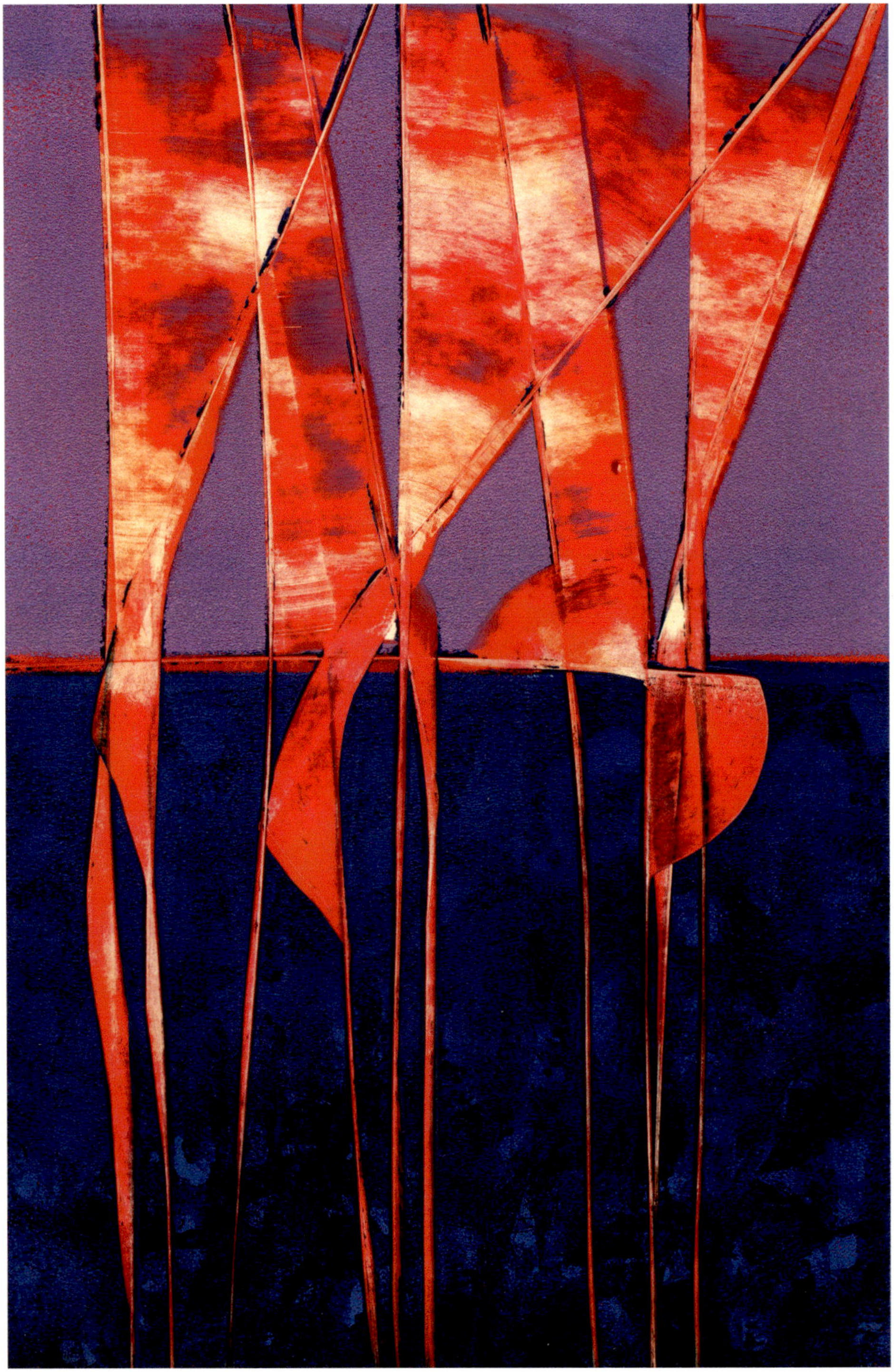

o.T., 2008
30 x 20 cm
(T317)

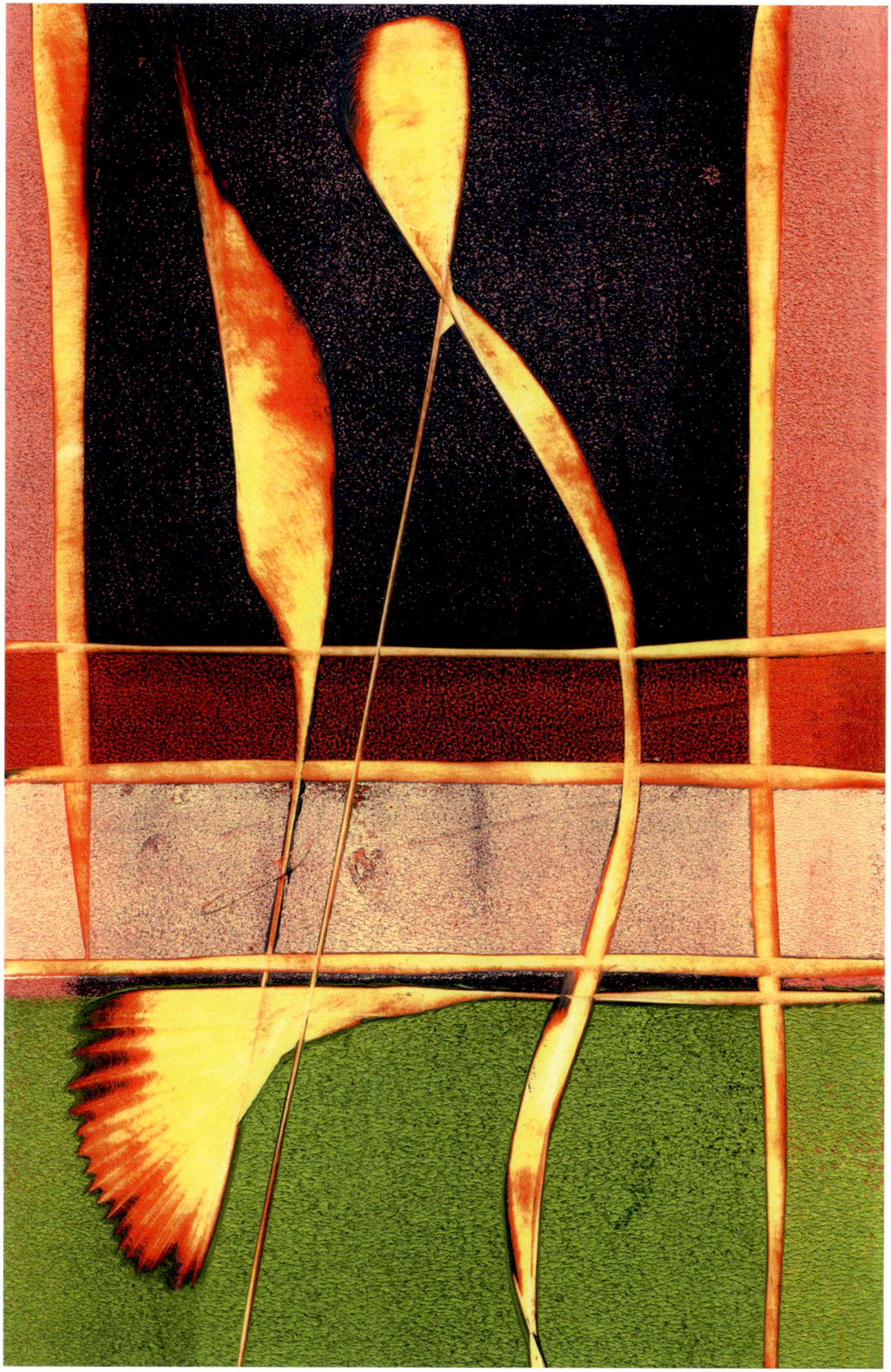

Dreiklang
2005
30 x 20 cm

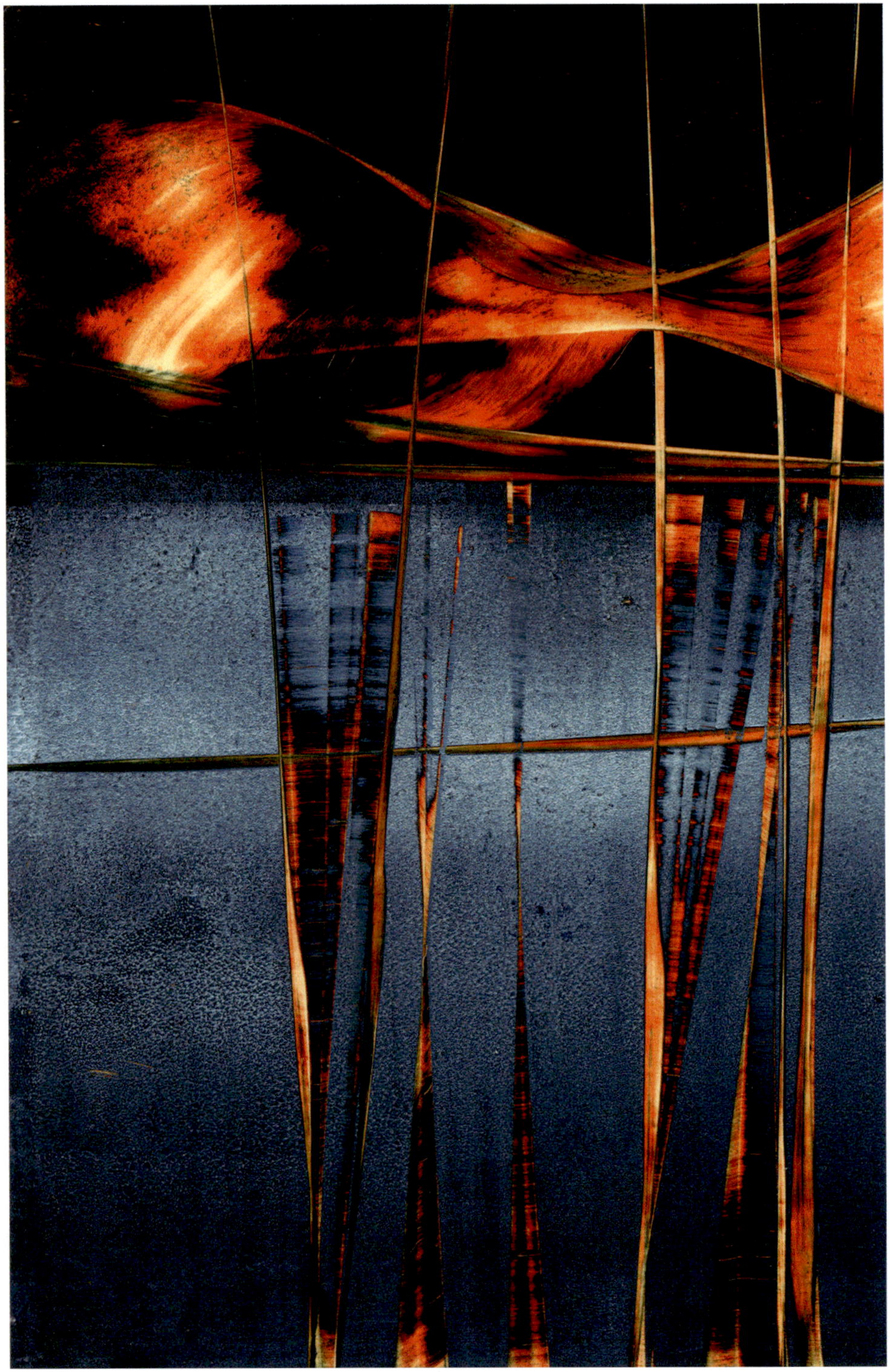

Nächtliches Gestade
2009
30 x 20 cm

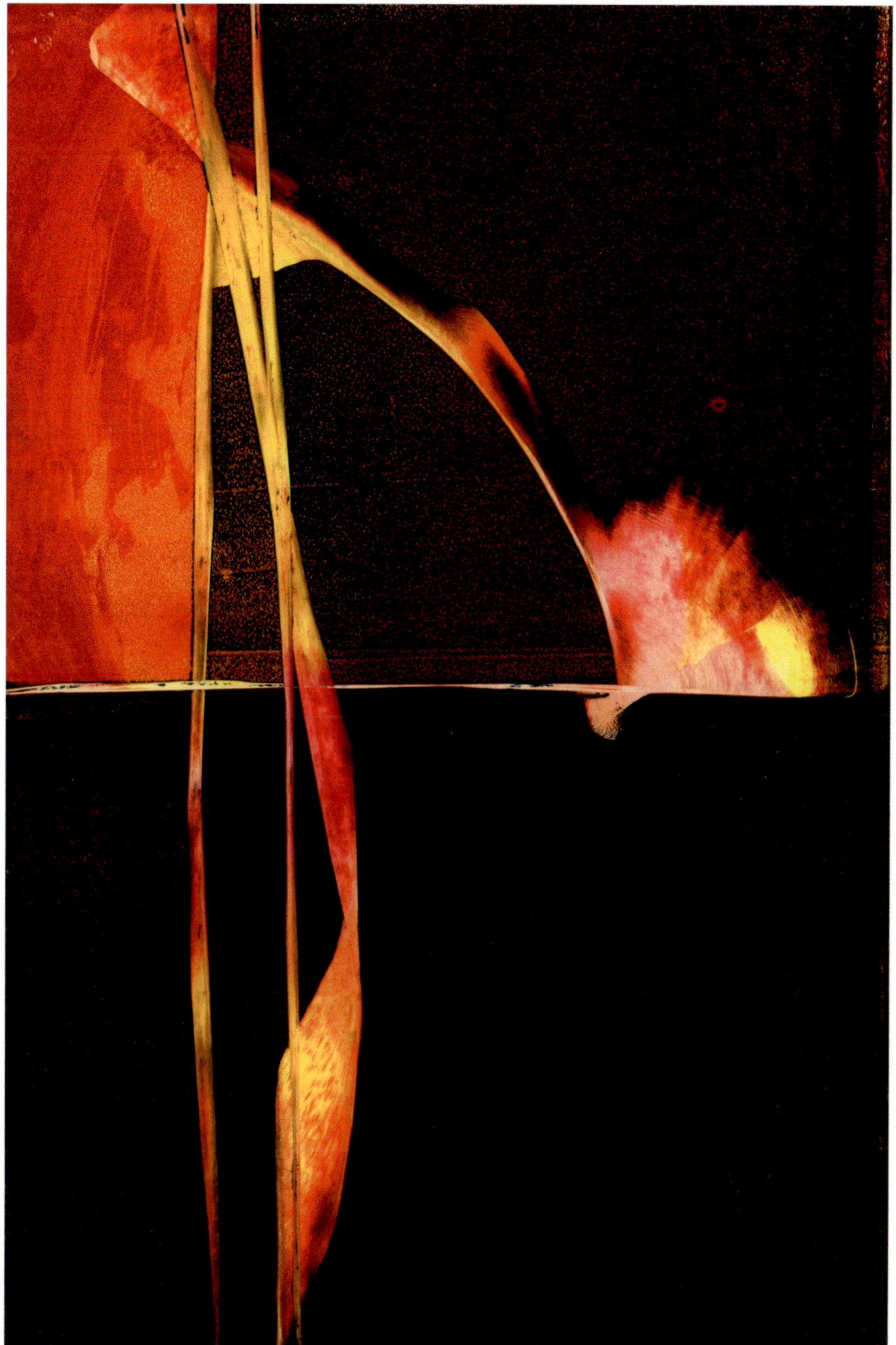

In Harmonie
2008
30 x 20 cm

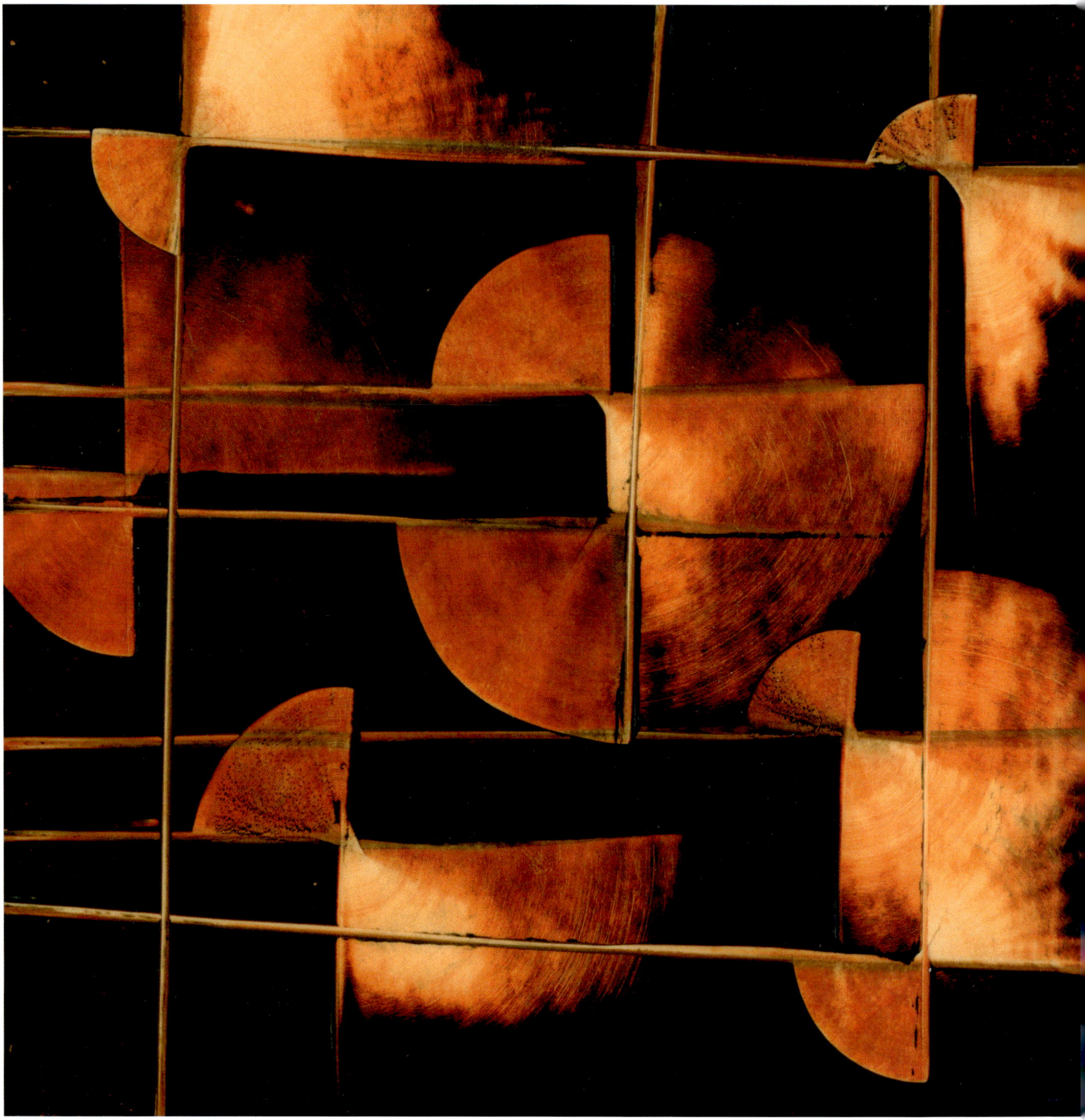

Folgerichtig, 2006, 15 x 15 cm

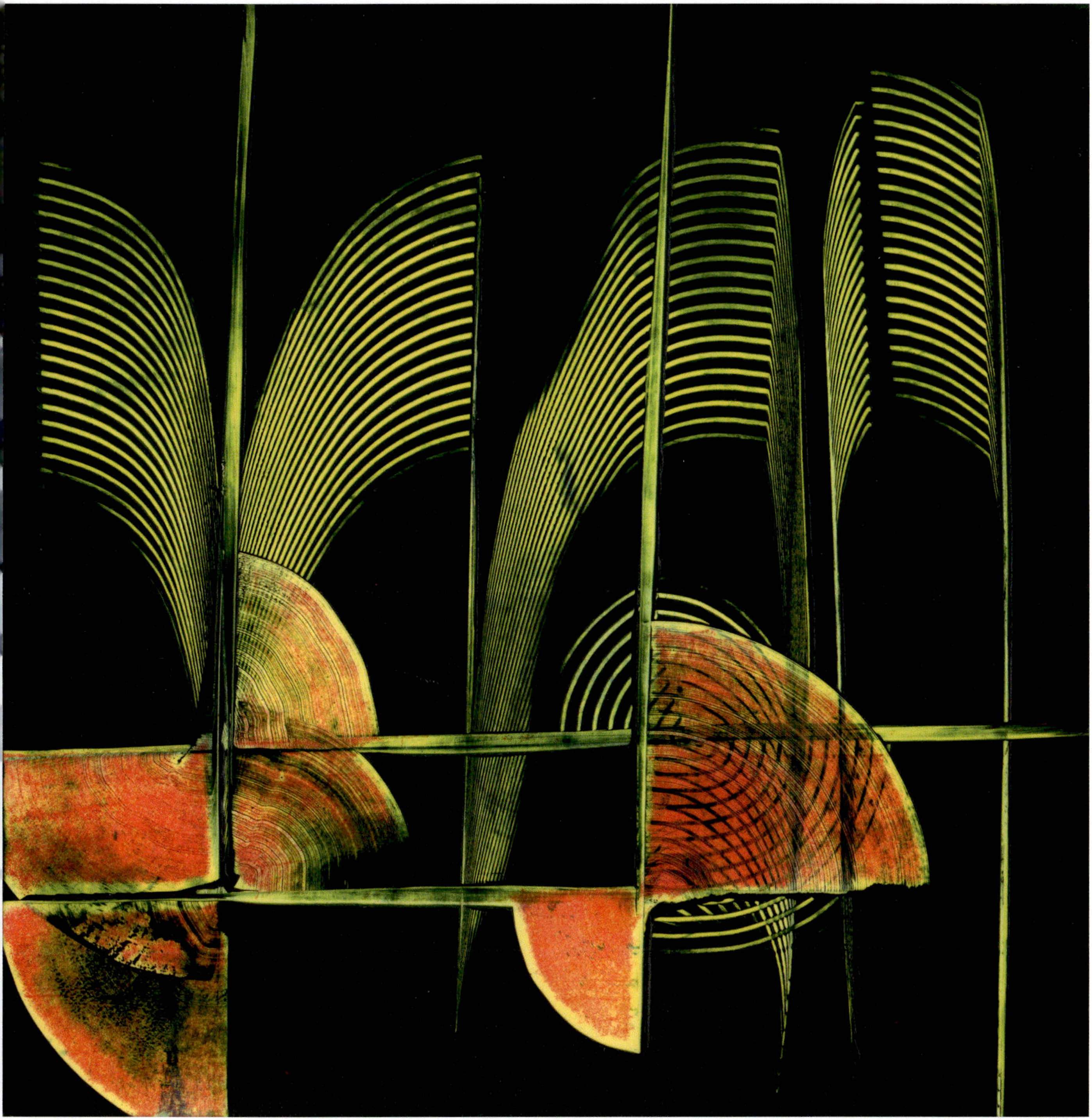

Duo, 2010, 20 x 20 cm

42

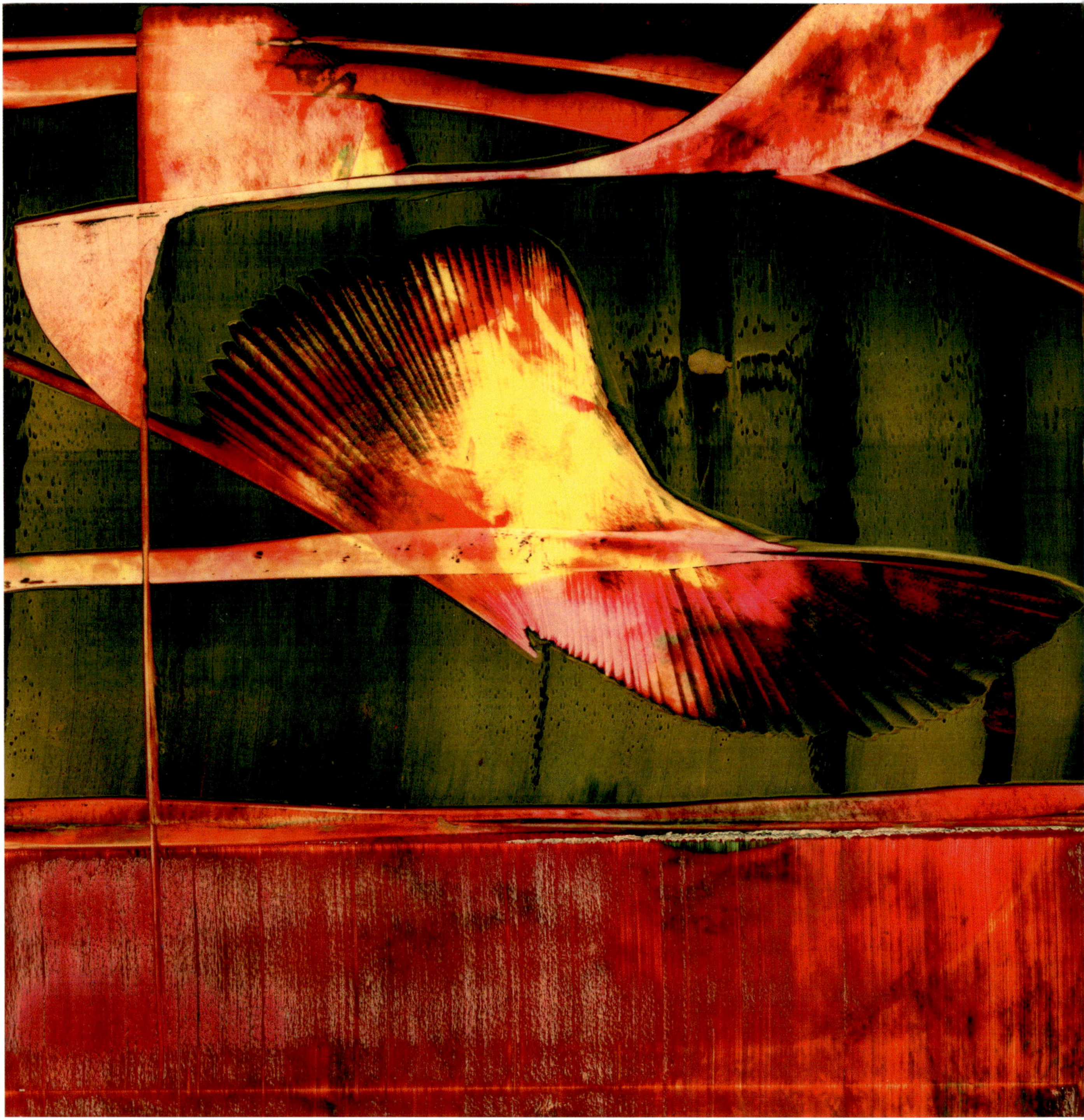

Feuervogel, 2005, 18 x 18 cm

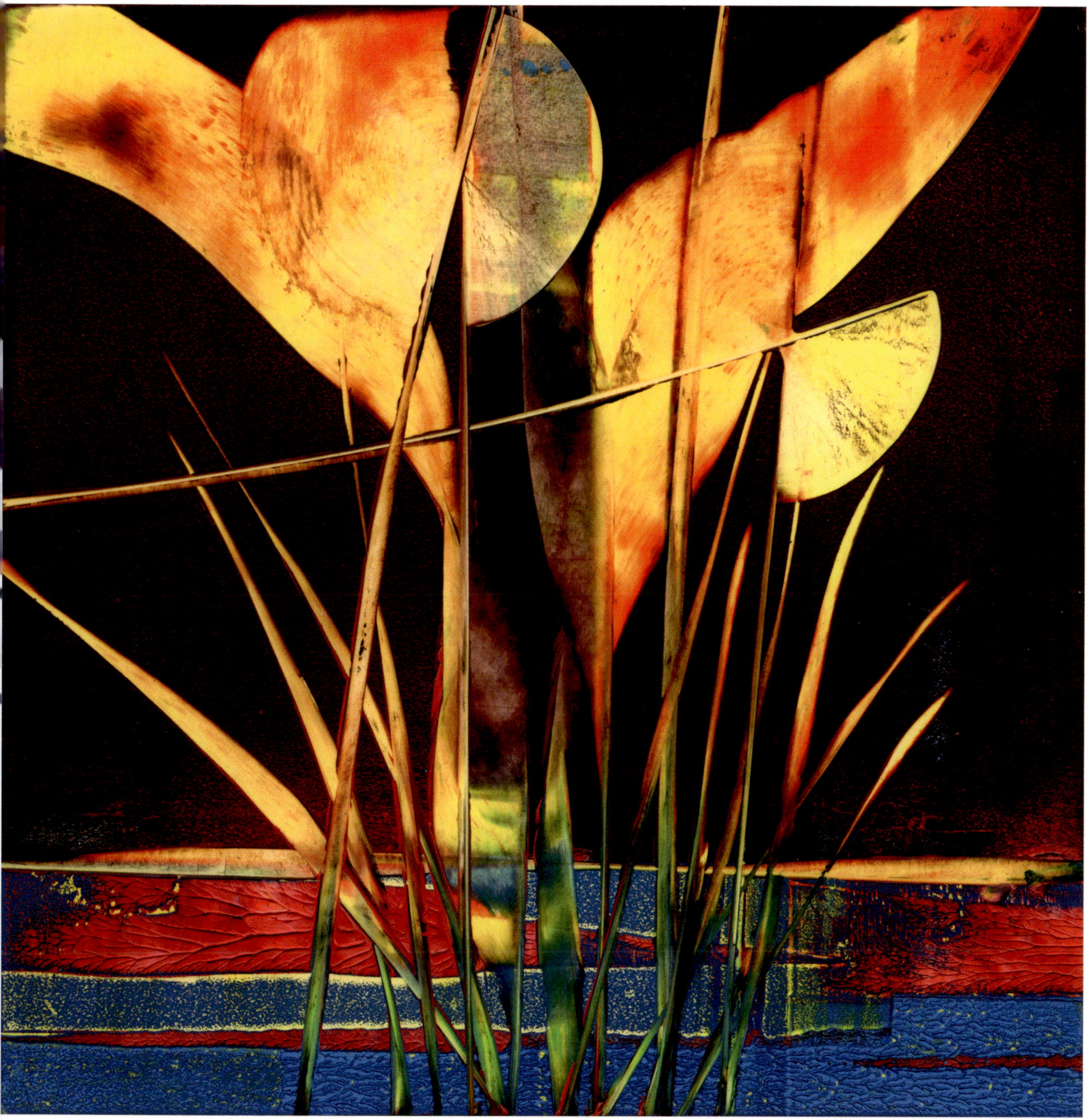

Sommerliches Gestade, 2008, 20 x 20 cm

43

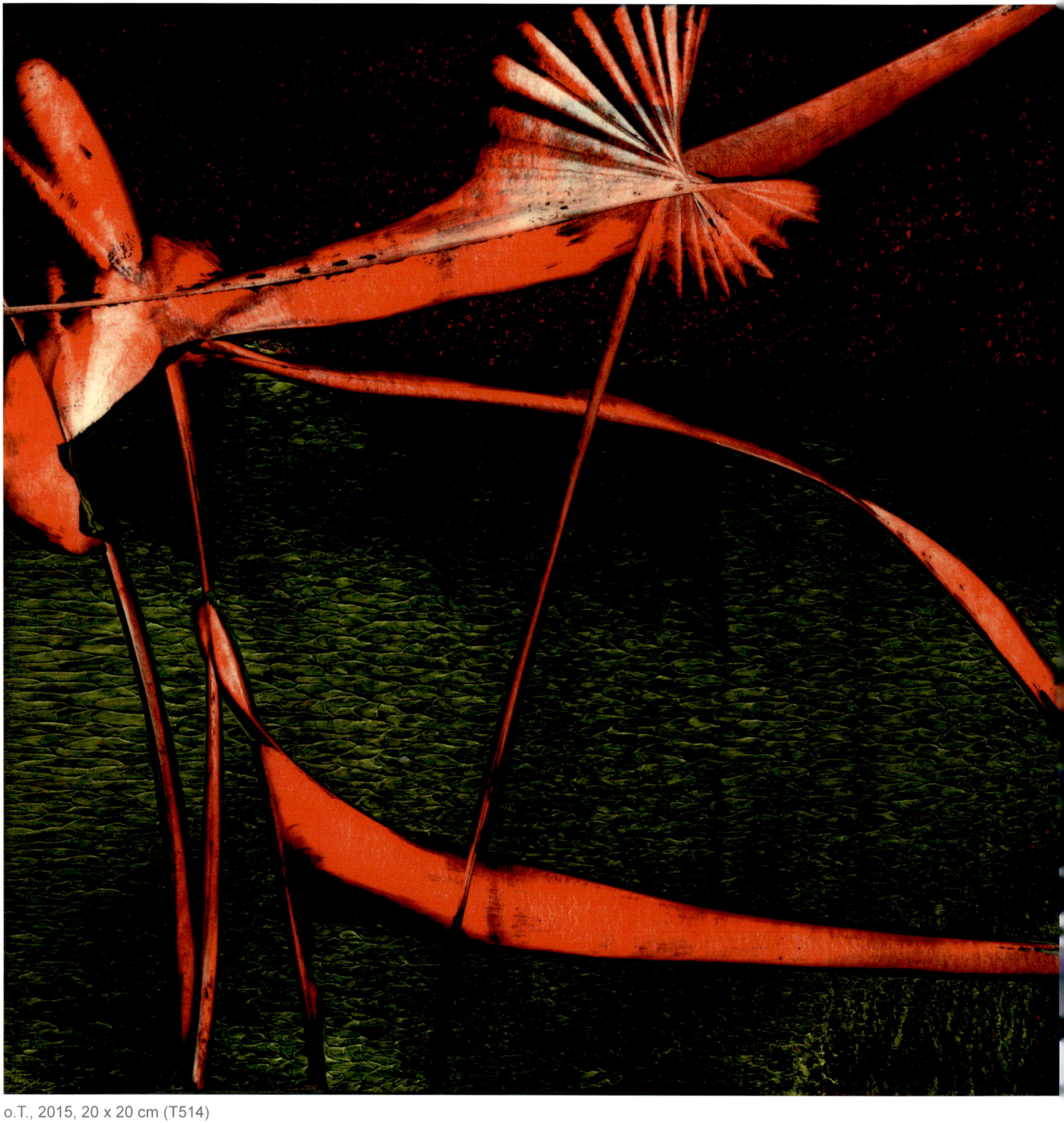

o.T., 2015, 20 x 20 cm (T514)

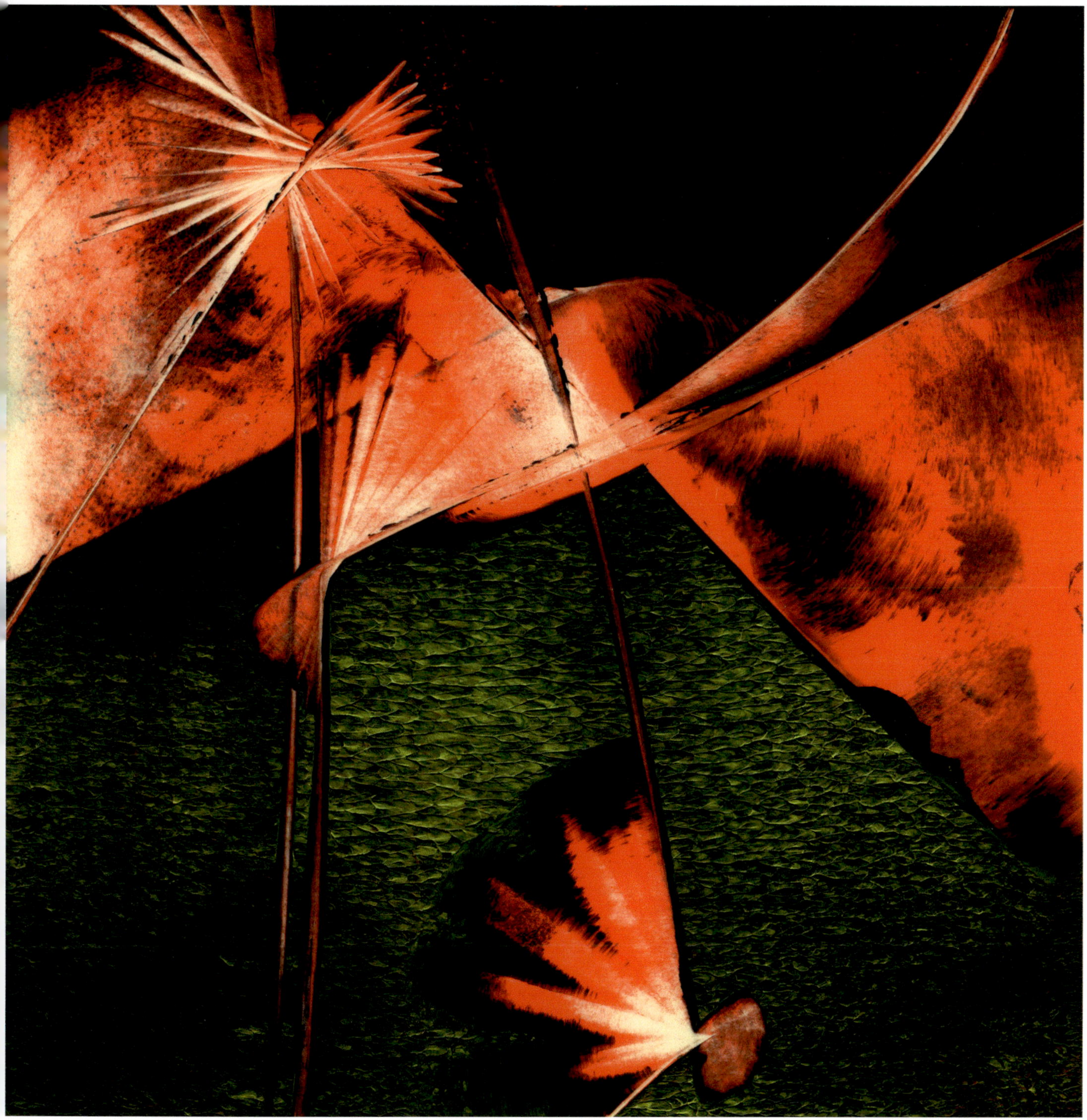

o.T., 2015, 20 x 20 cm (T515)

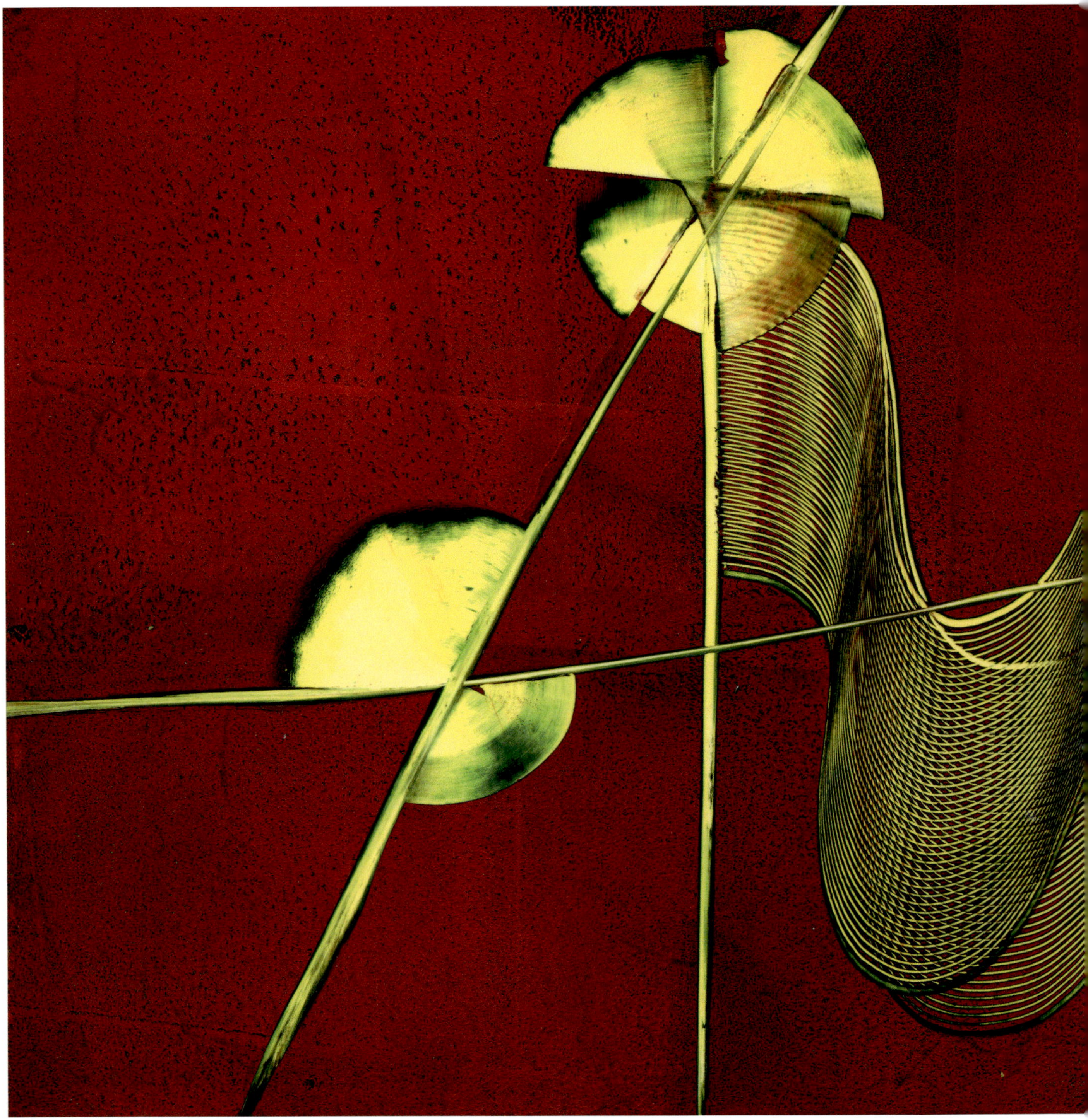

o.T., 2011, 25 x 25 cm (T467)

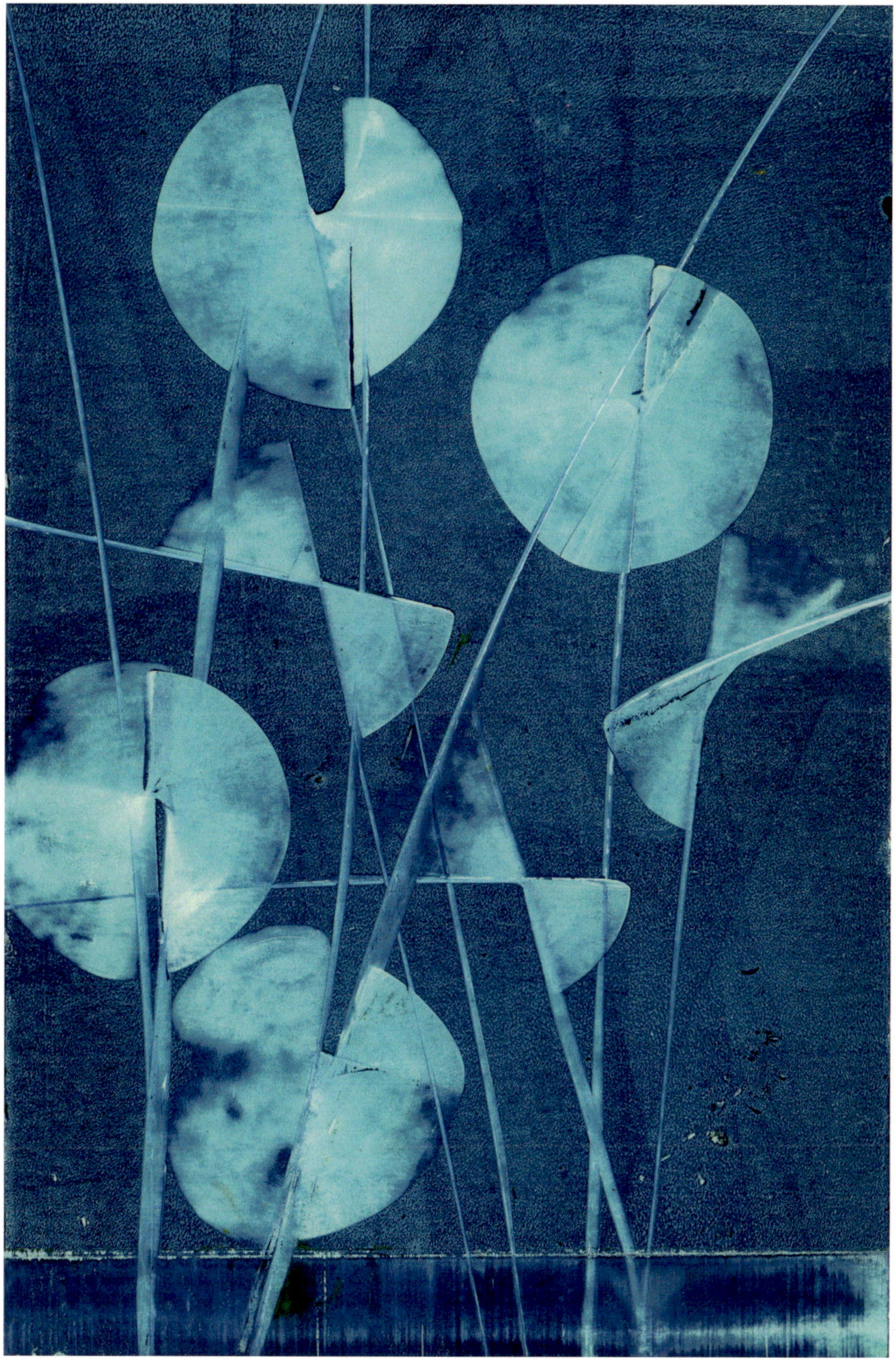

Mondlicht
2007
30 x 20 cm

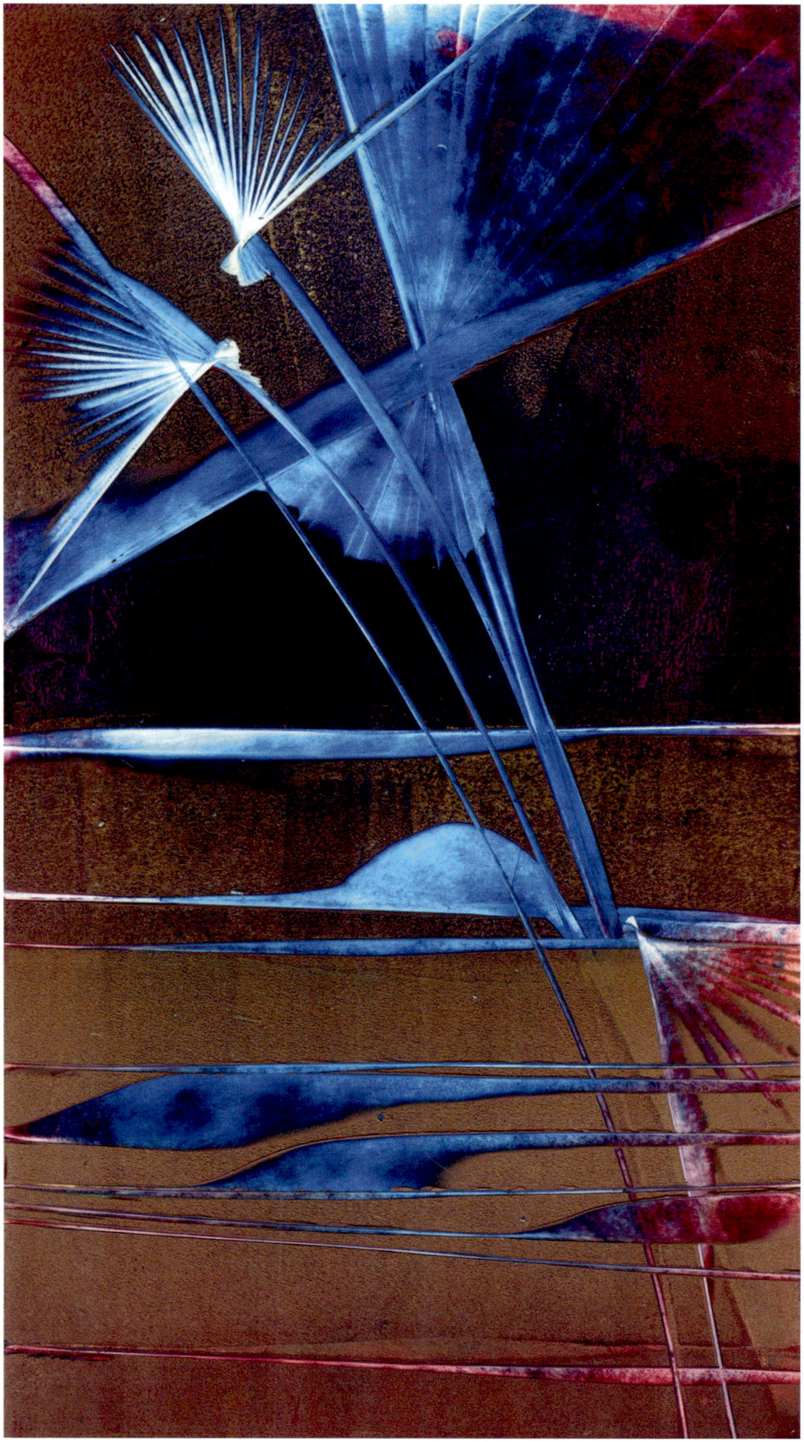

o.T., 2007
35 x 20 cm
(T273)

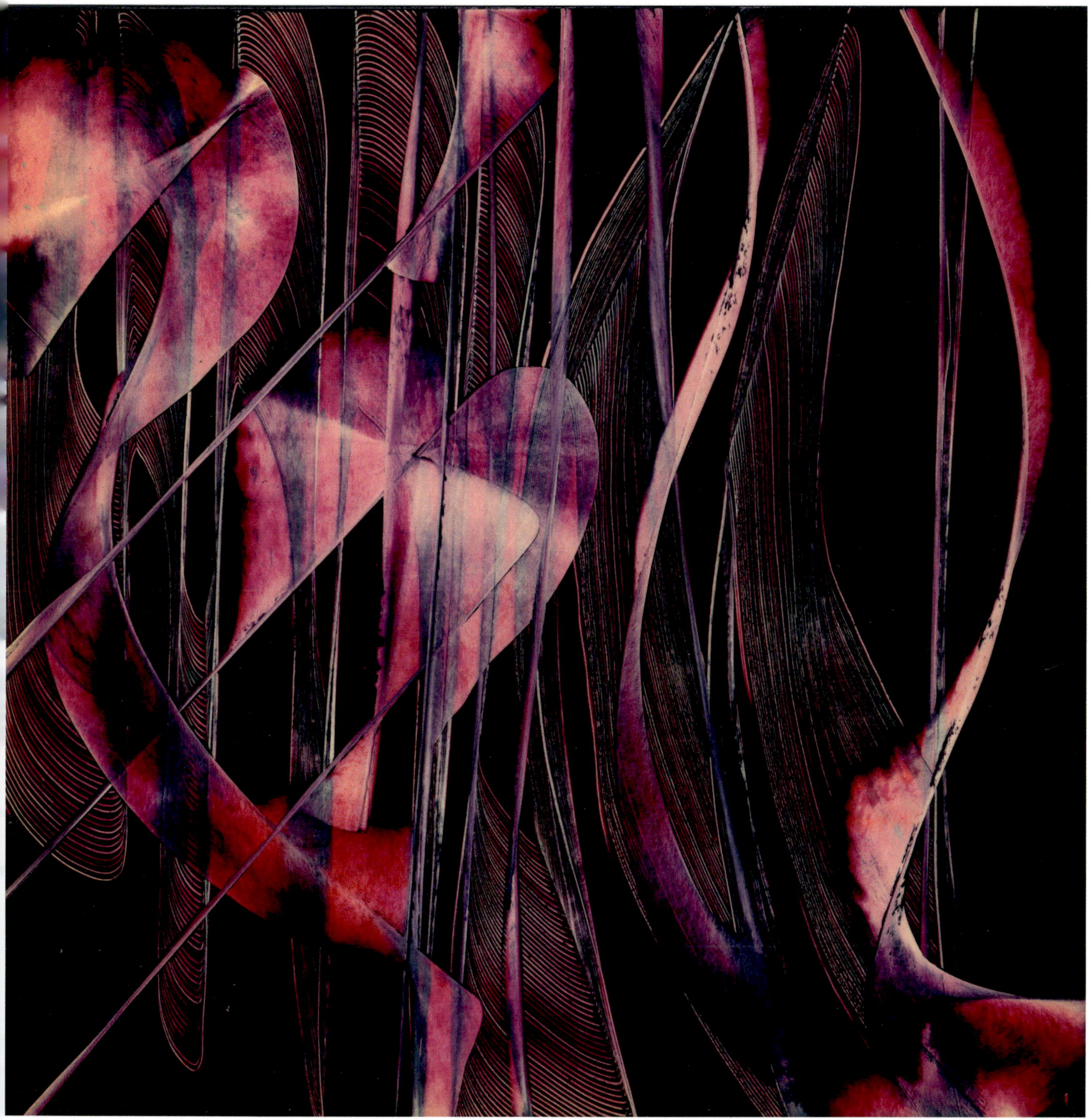

Verdichtung, 2011, 20 x 20 cm

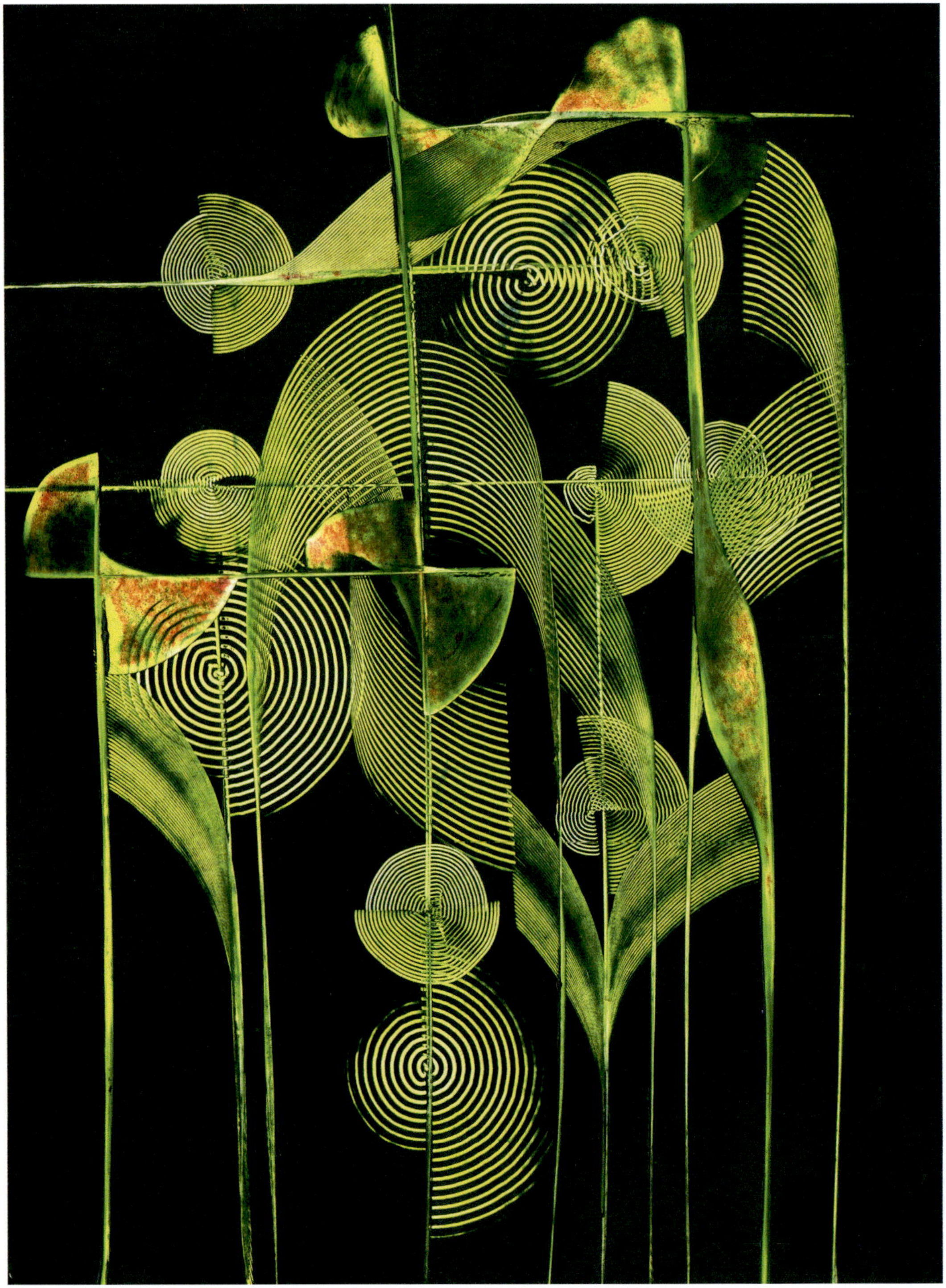

Klanggewebe
2010
40 x 30 cm

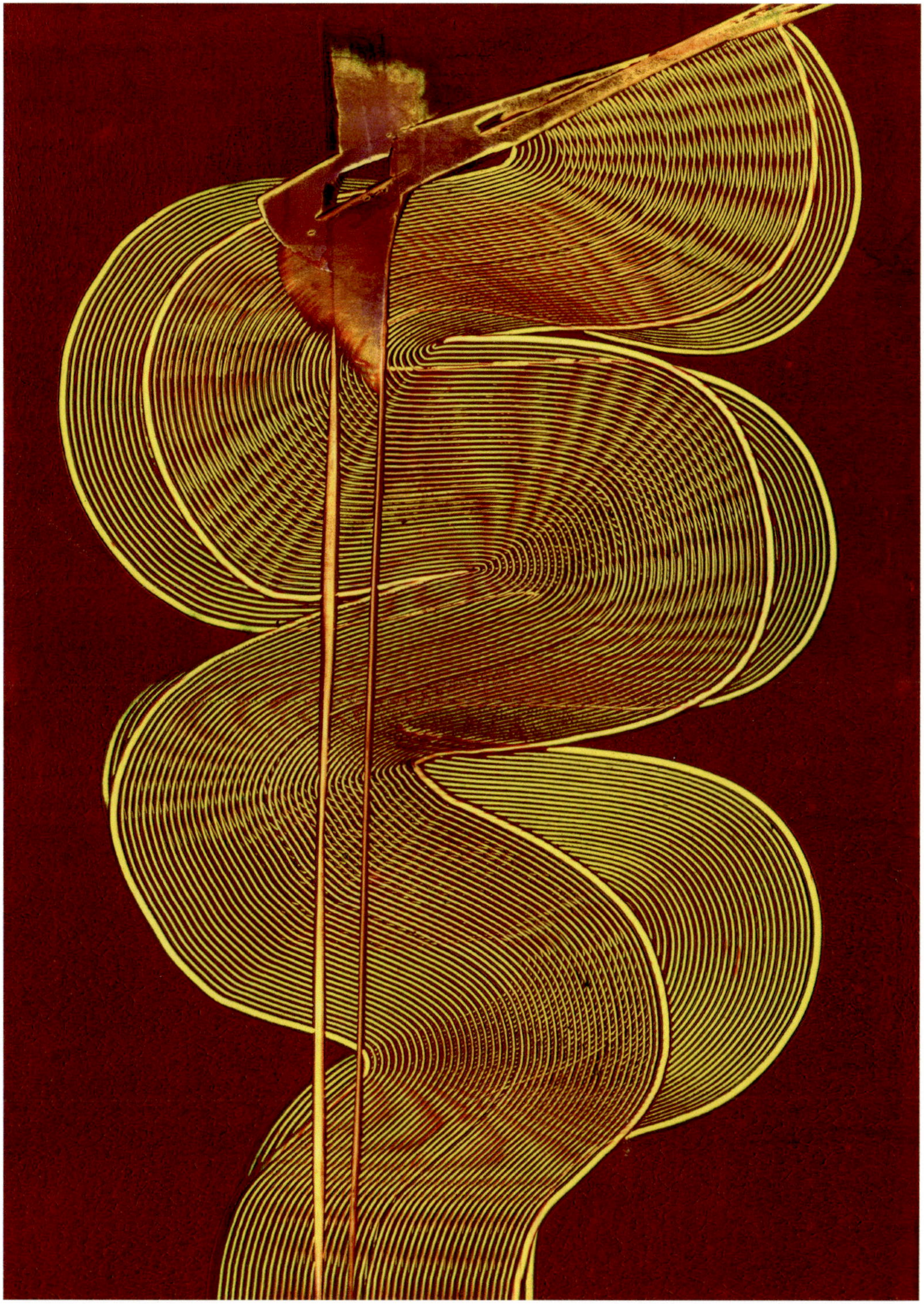

Parallelbahnen
2010
35 x 25 cm

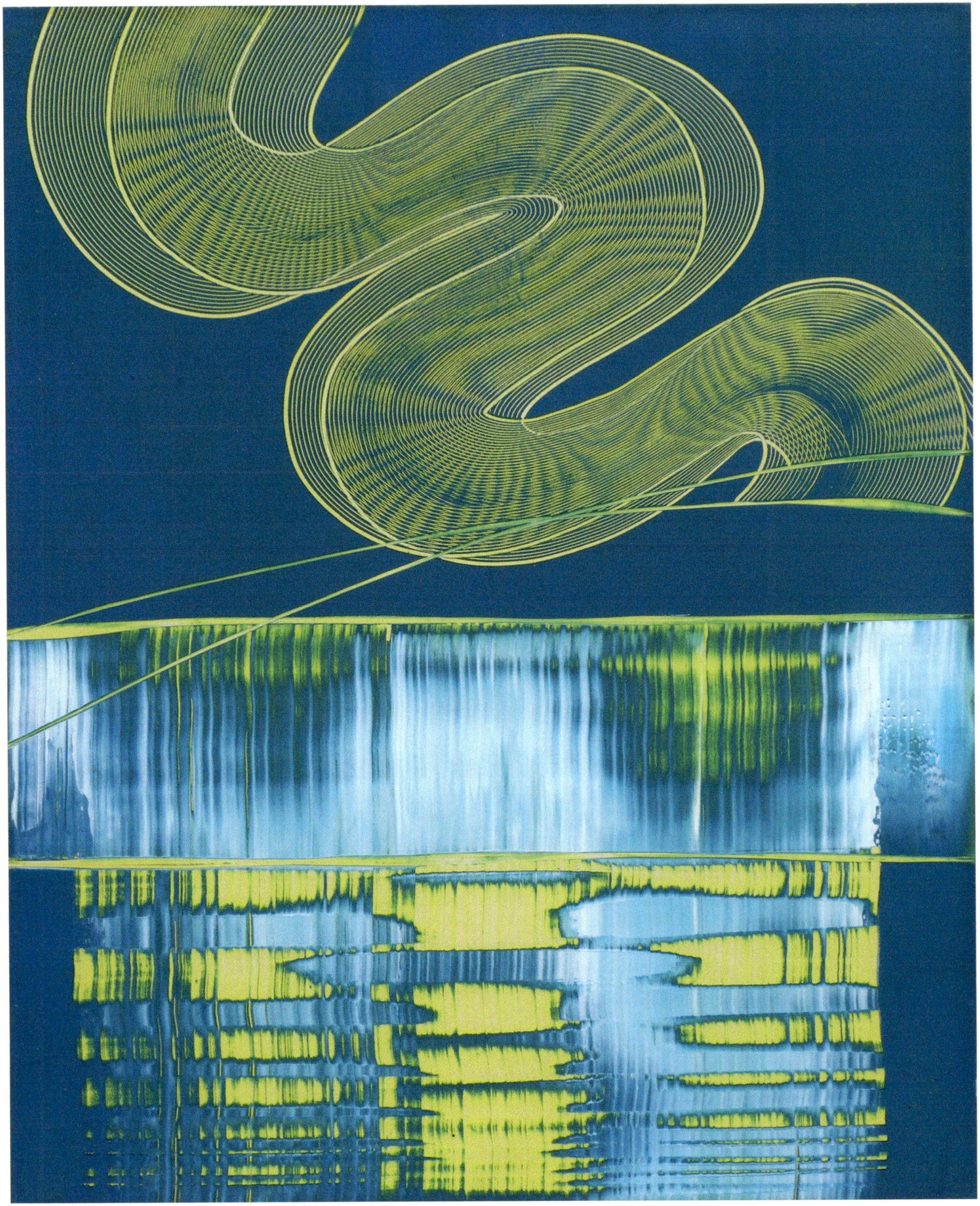

o.T., 2011
50 x 40 cm
(T471)

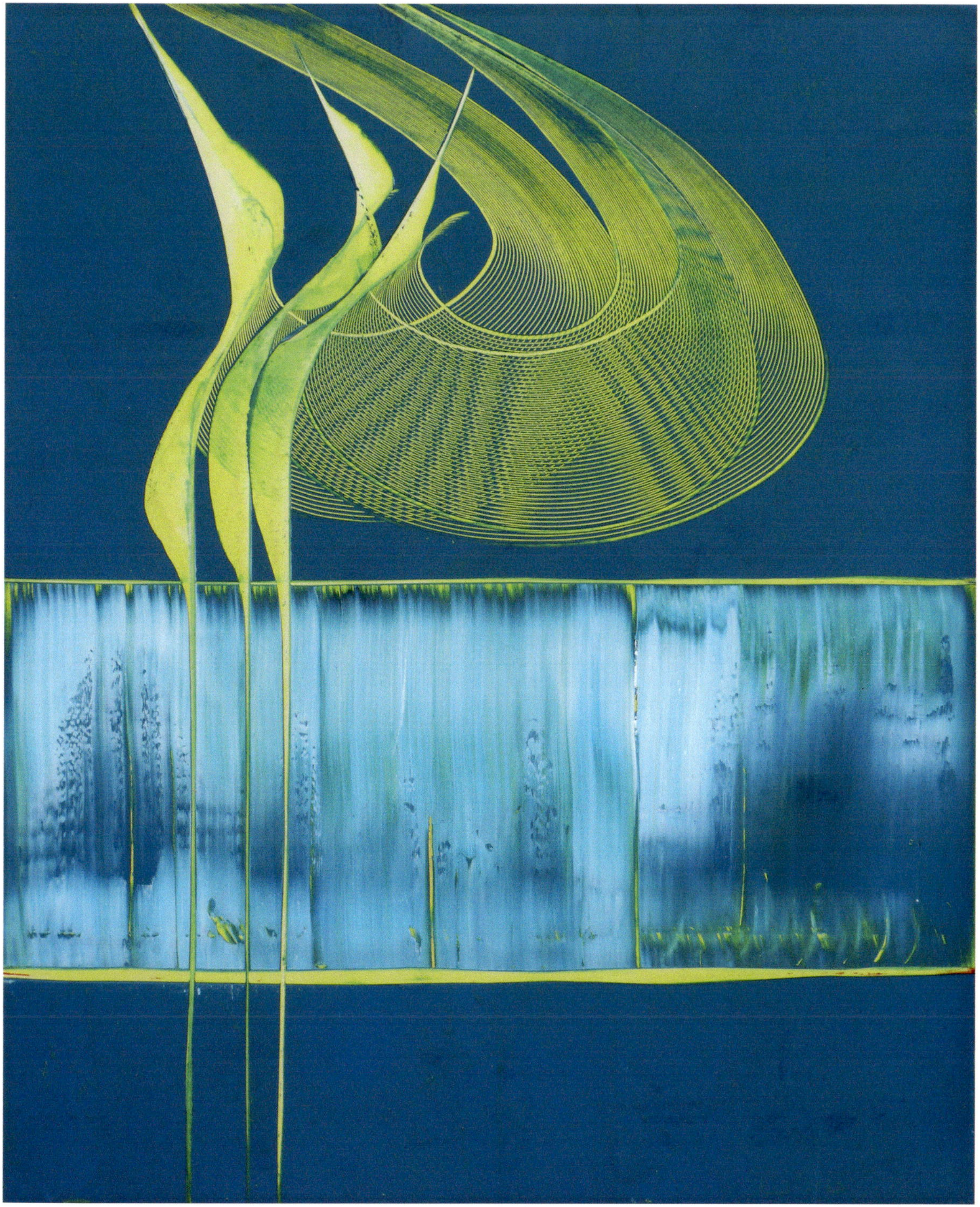

o.T., 2011
50 x 40 cm
(T472)

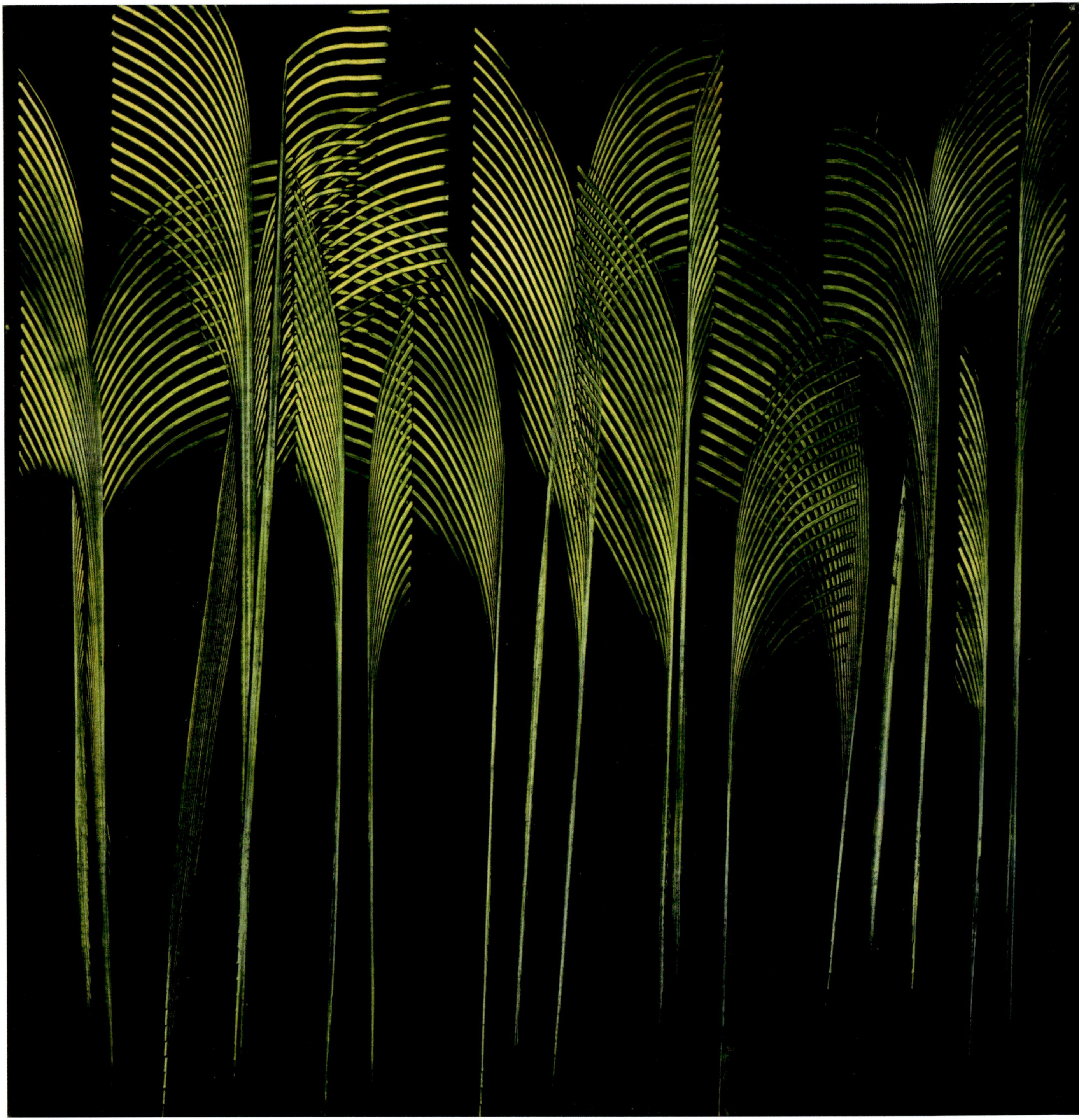

o.T., 2010, 20 x 20 cm (T347)

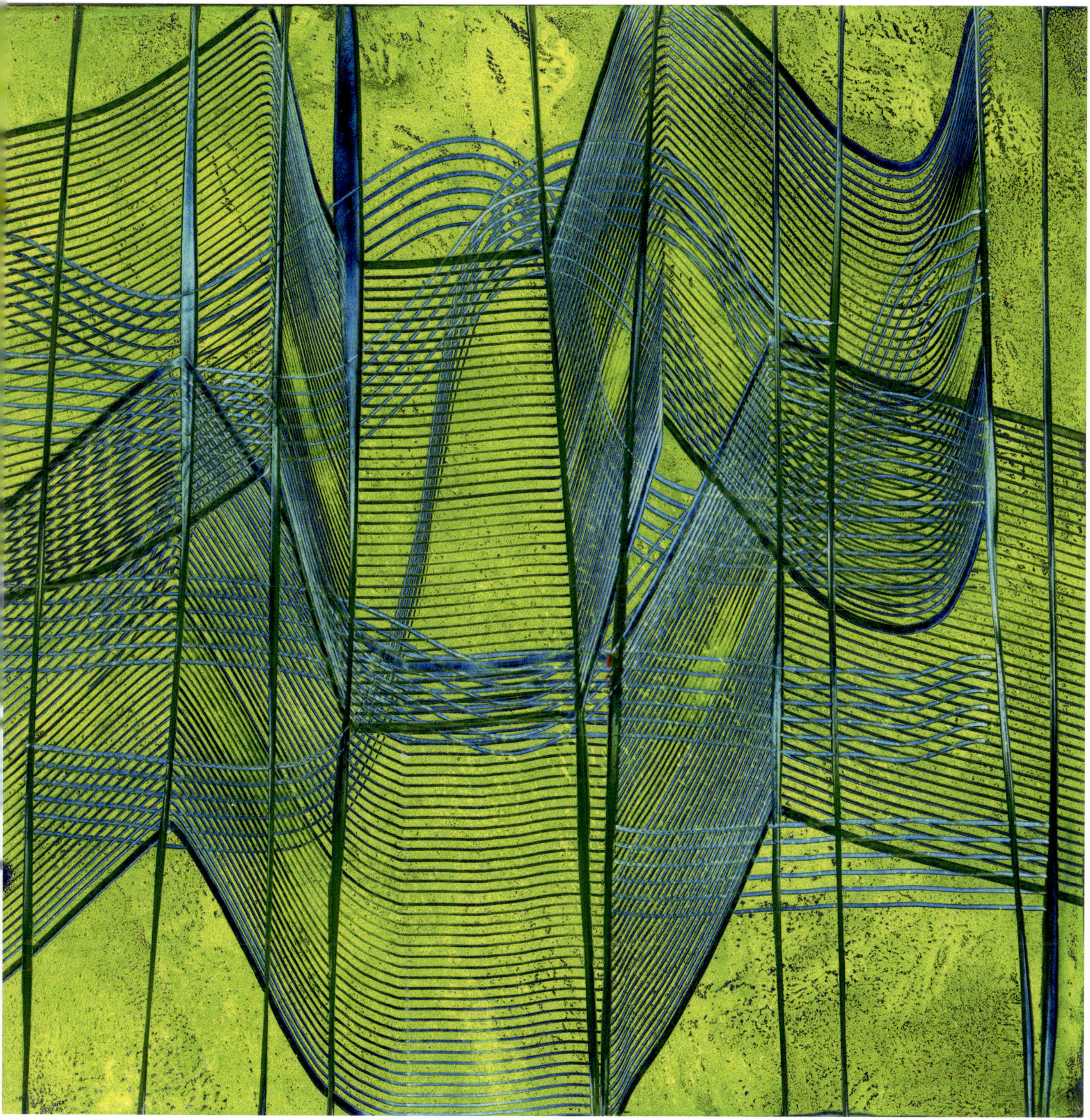

Drahtzieher, 2010, 20 x 20 cm

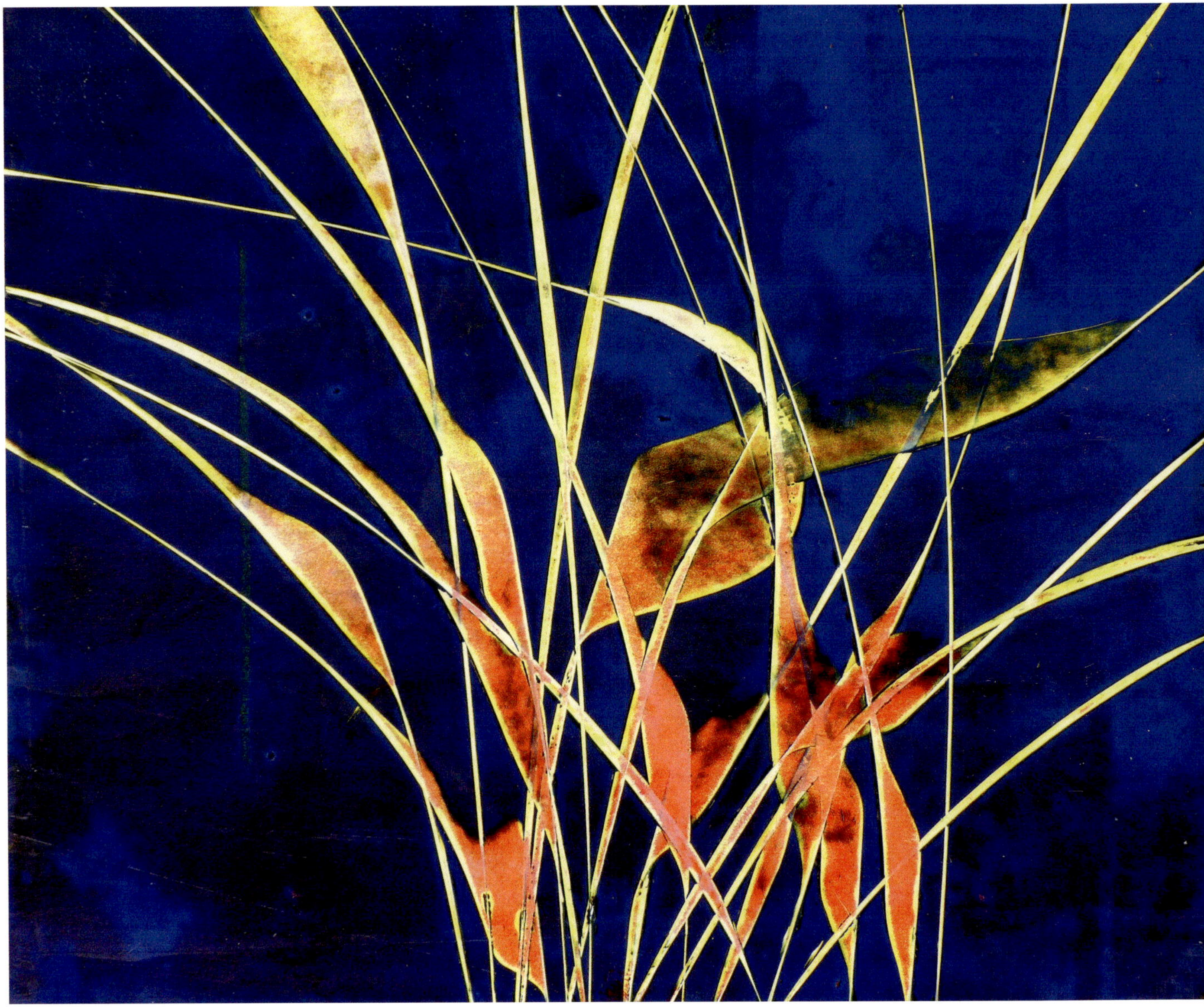

Büschel, 2008, 40 x 50 cm

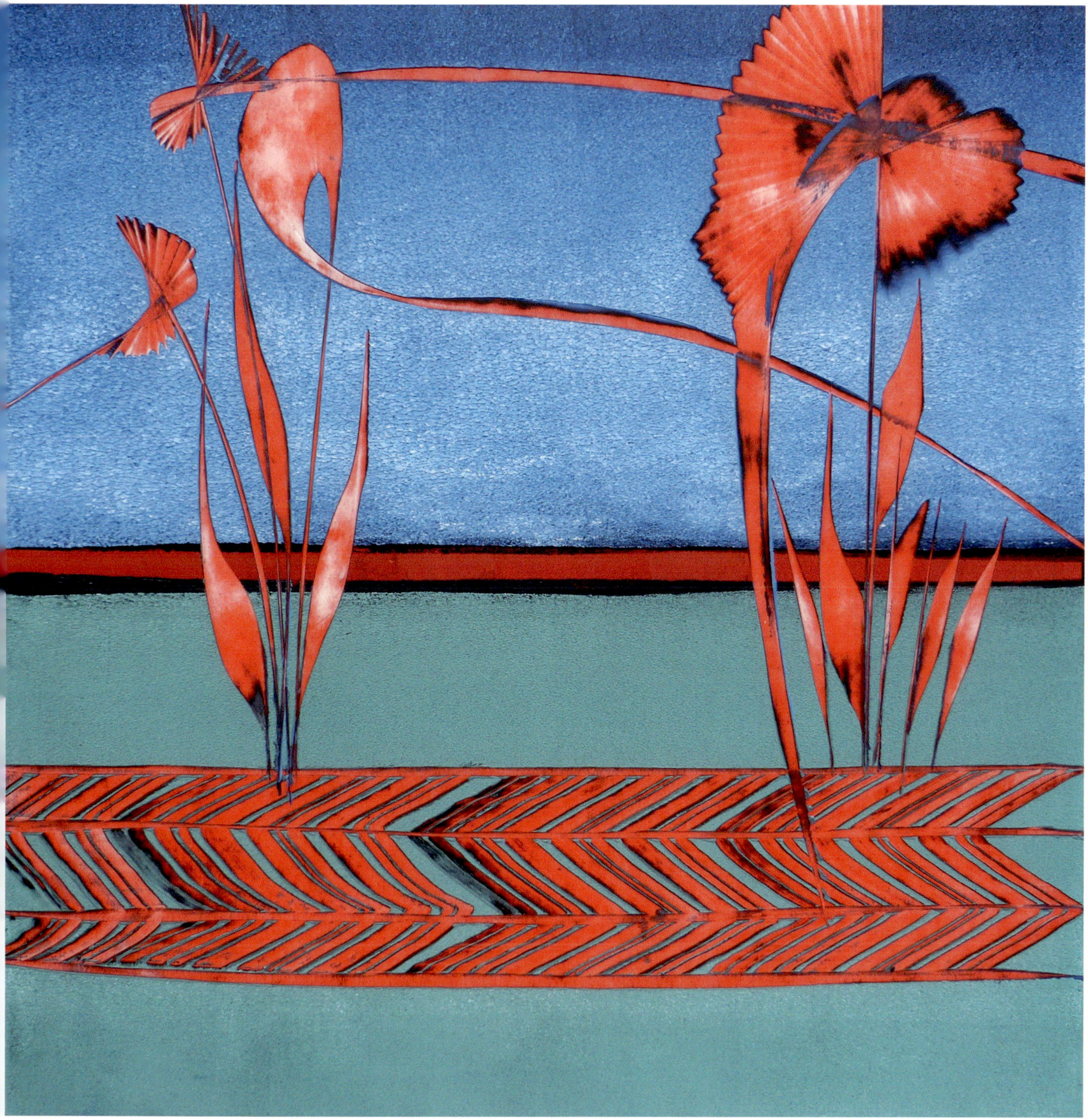

Zick Zack, 2015, 60 x 60 cm

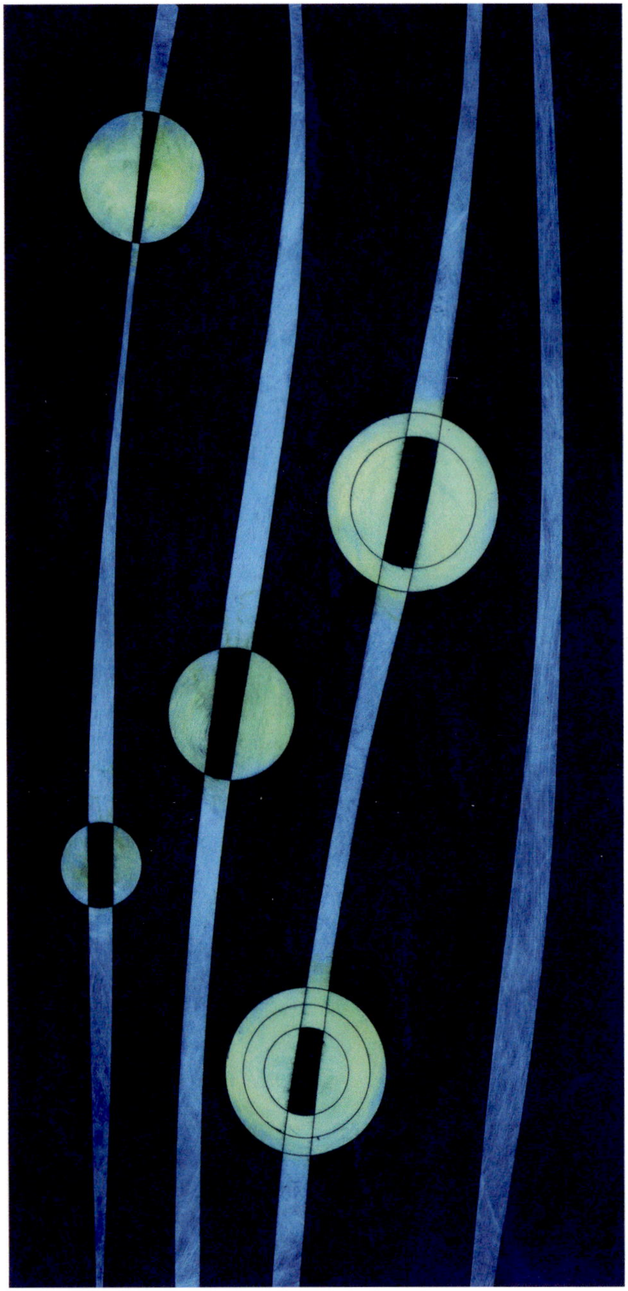

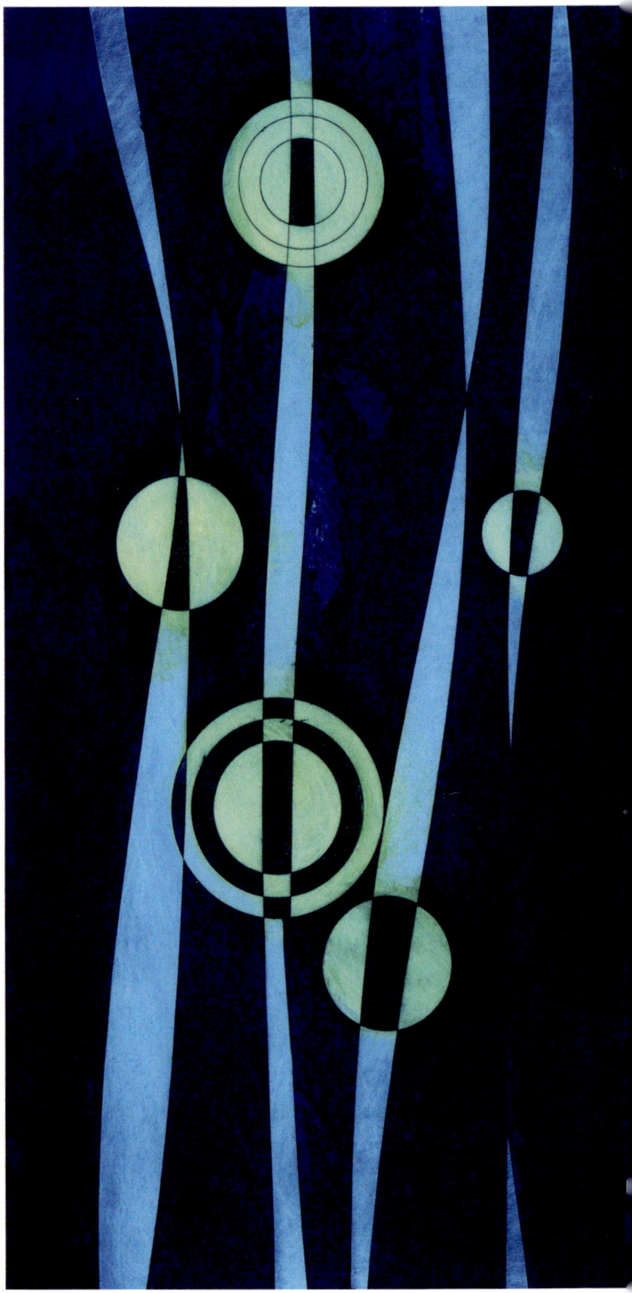

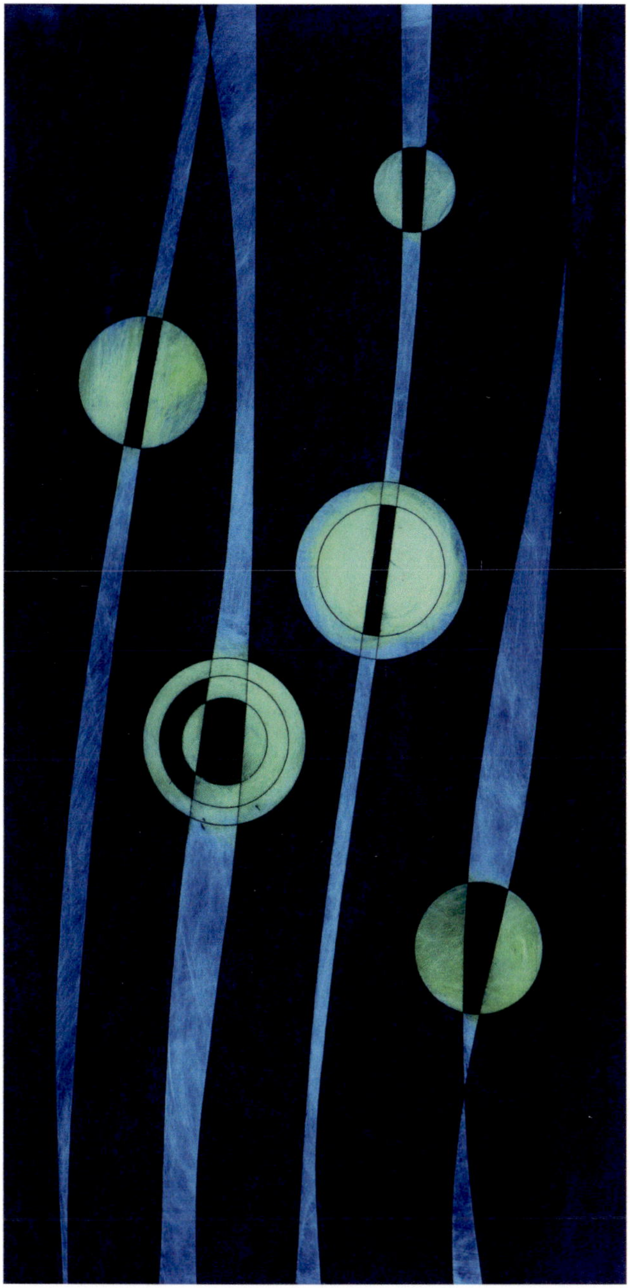

Tautropfen
2016
je 30 x 15 cm

FOTOGRAFIE

„Als ob sie beseelt wären, scheinen Architektur, Objekte und Landschaft, die die Fotos von Theo Noll bewohnen, miteinander zu sprechen.

Theo macht nicht nur gute Fotos, er kann auch zum Ausdruck bringen, was sein erfinderisches Auge sieht.“

Germán Geminale
Director de teatro, Rosario (Argentinien), 2016

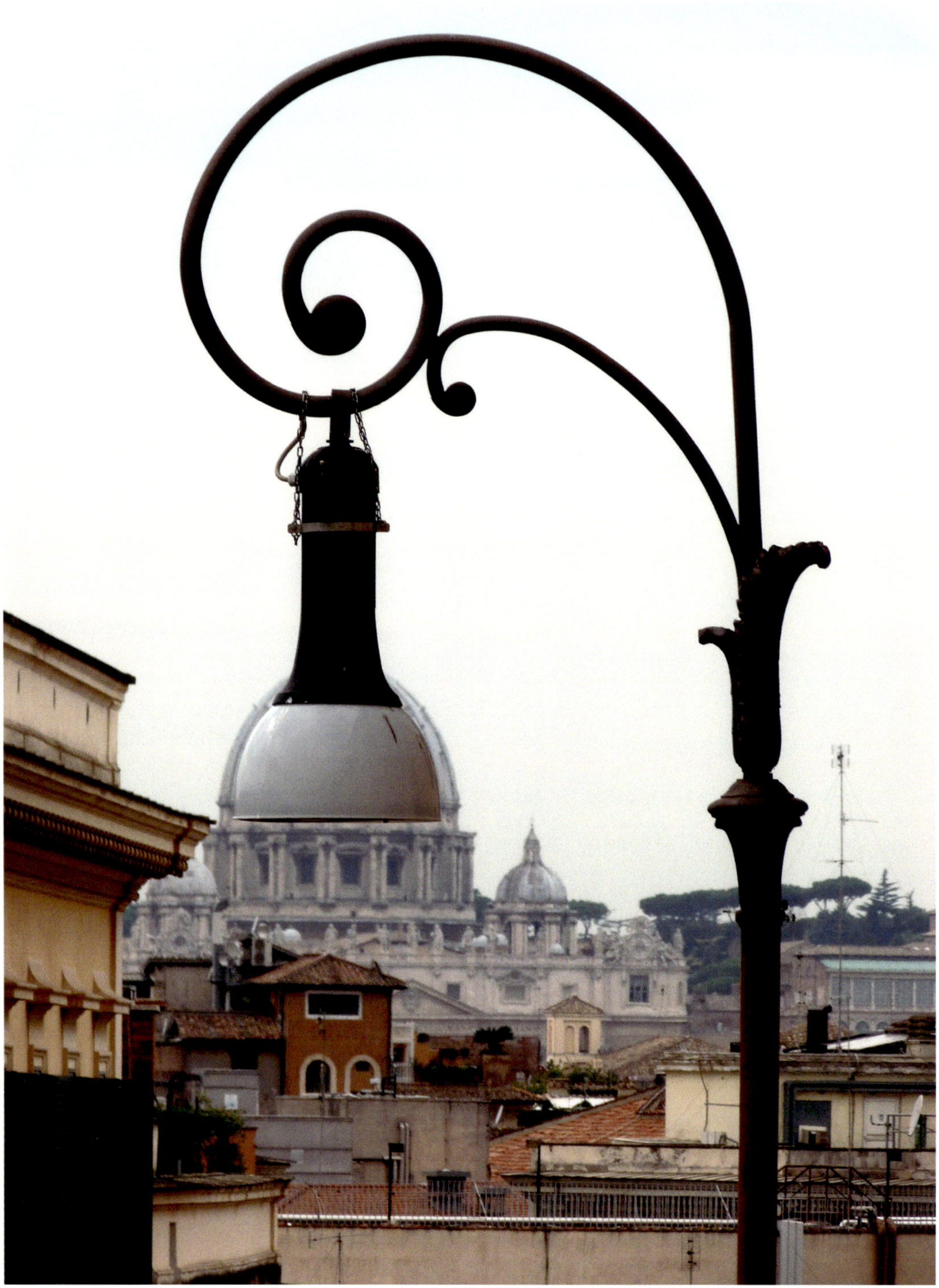

Kupplung, Rom, 2015

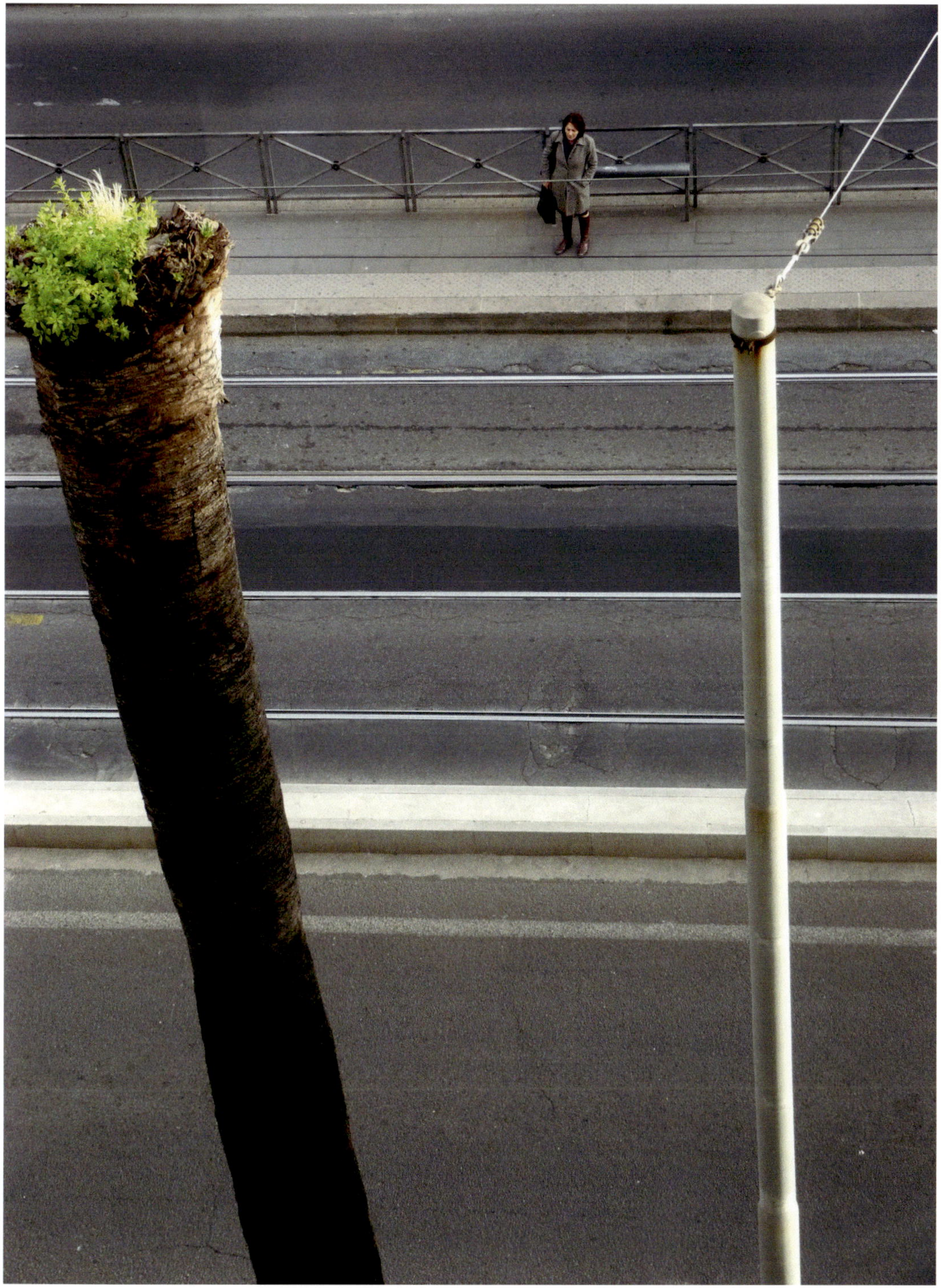

Controparte, Rom, 2016

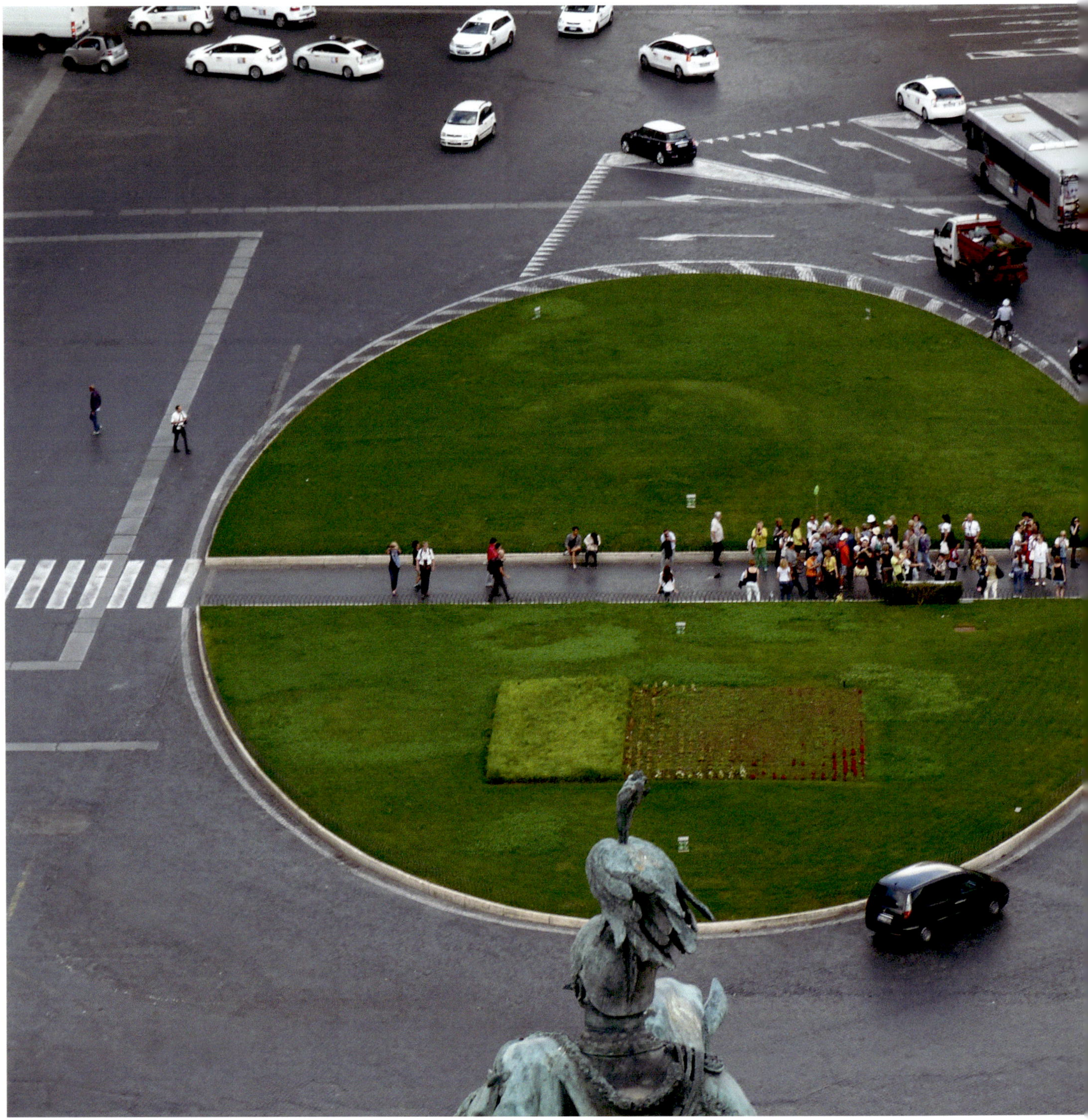

Piazza Venezia, Rom, 2015

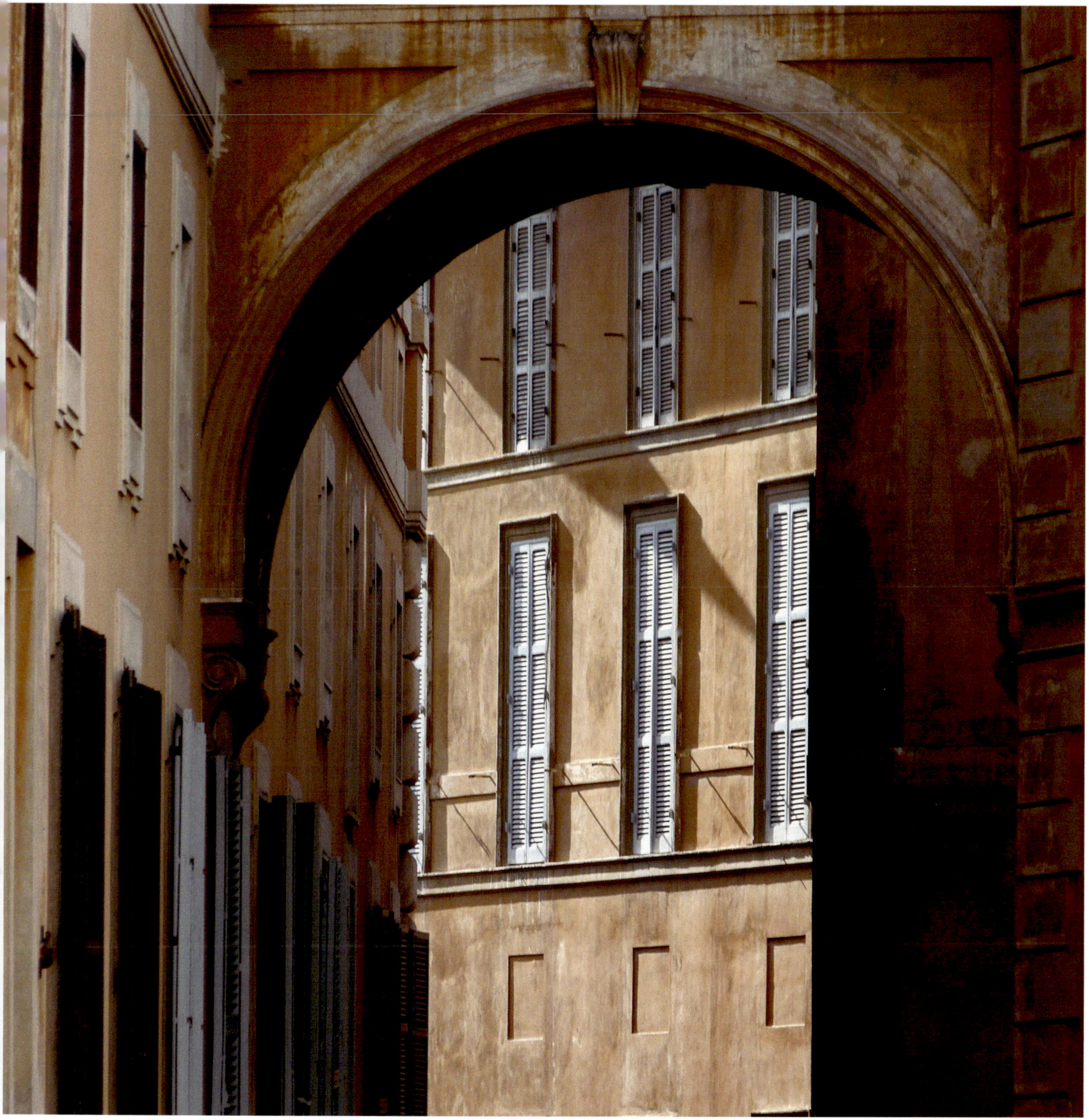

Via del Vaccaro, Rom, 2015

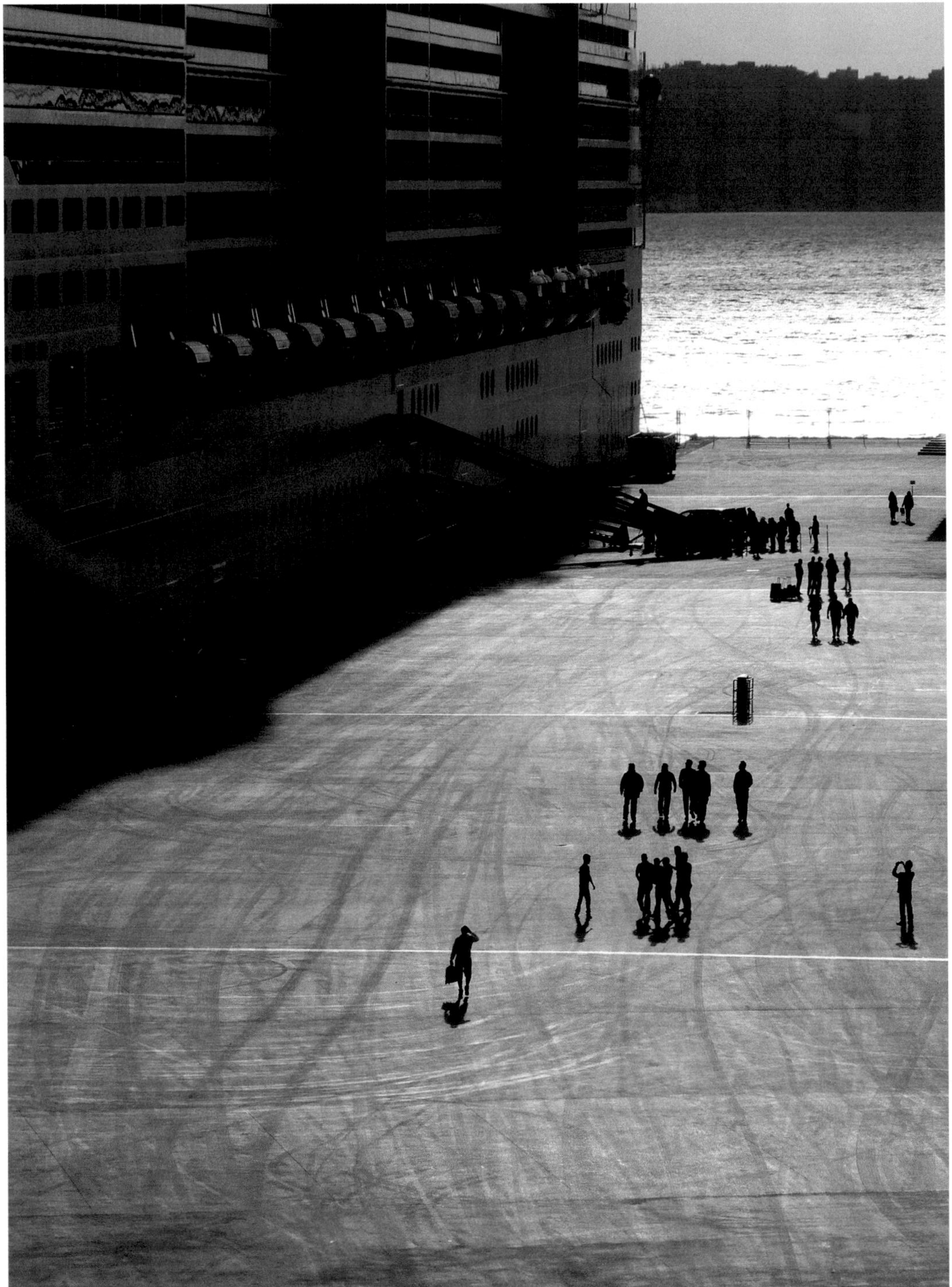

Alle an Bord
Lisboa
2014

São Vicente de Fora, Lisboa, 2013

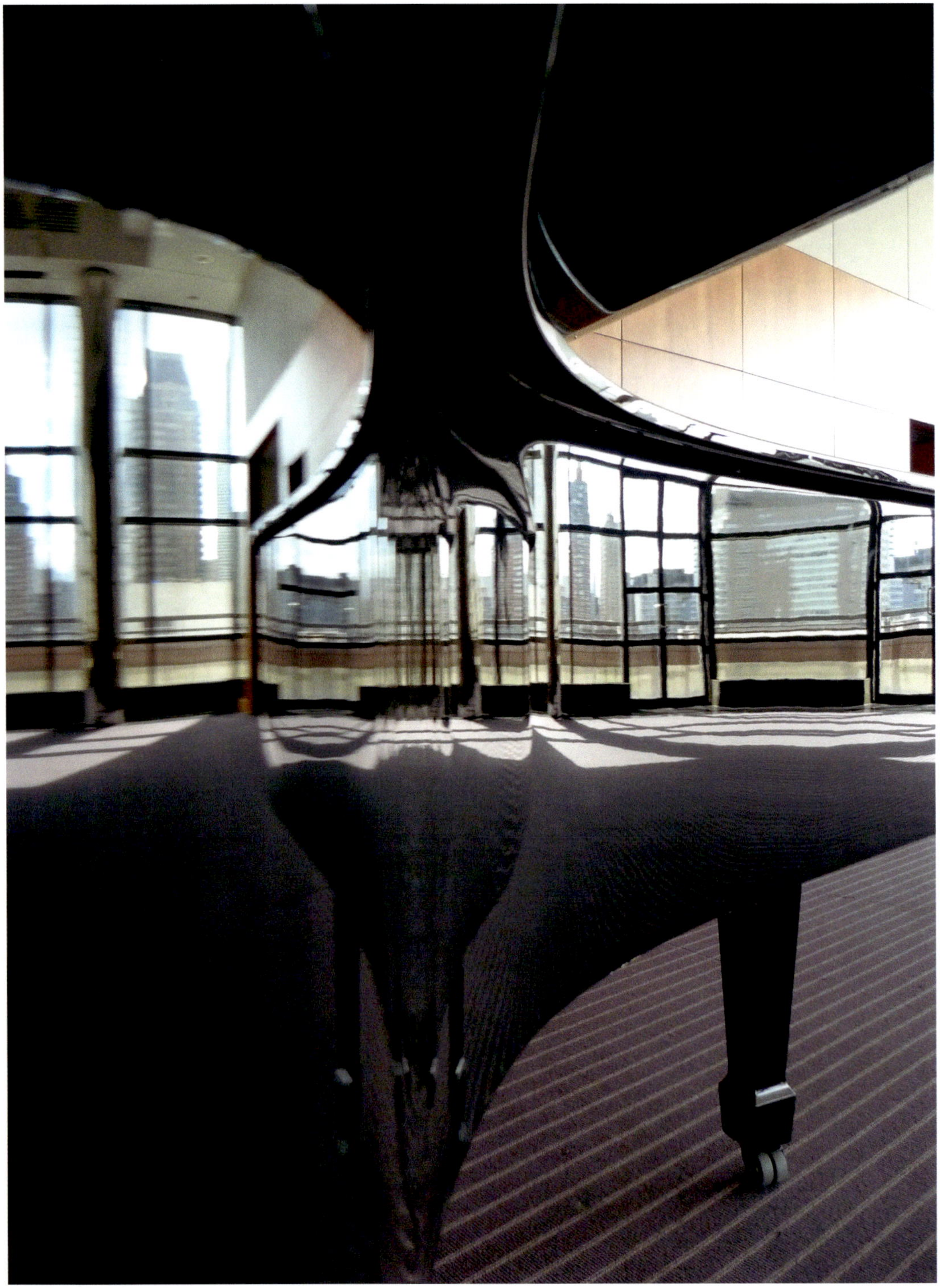

Lincoln Center
New York
2013

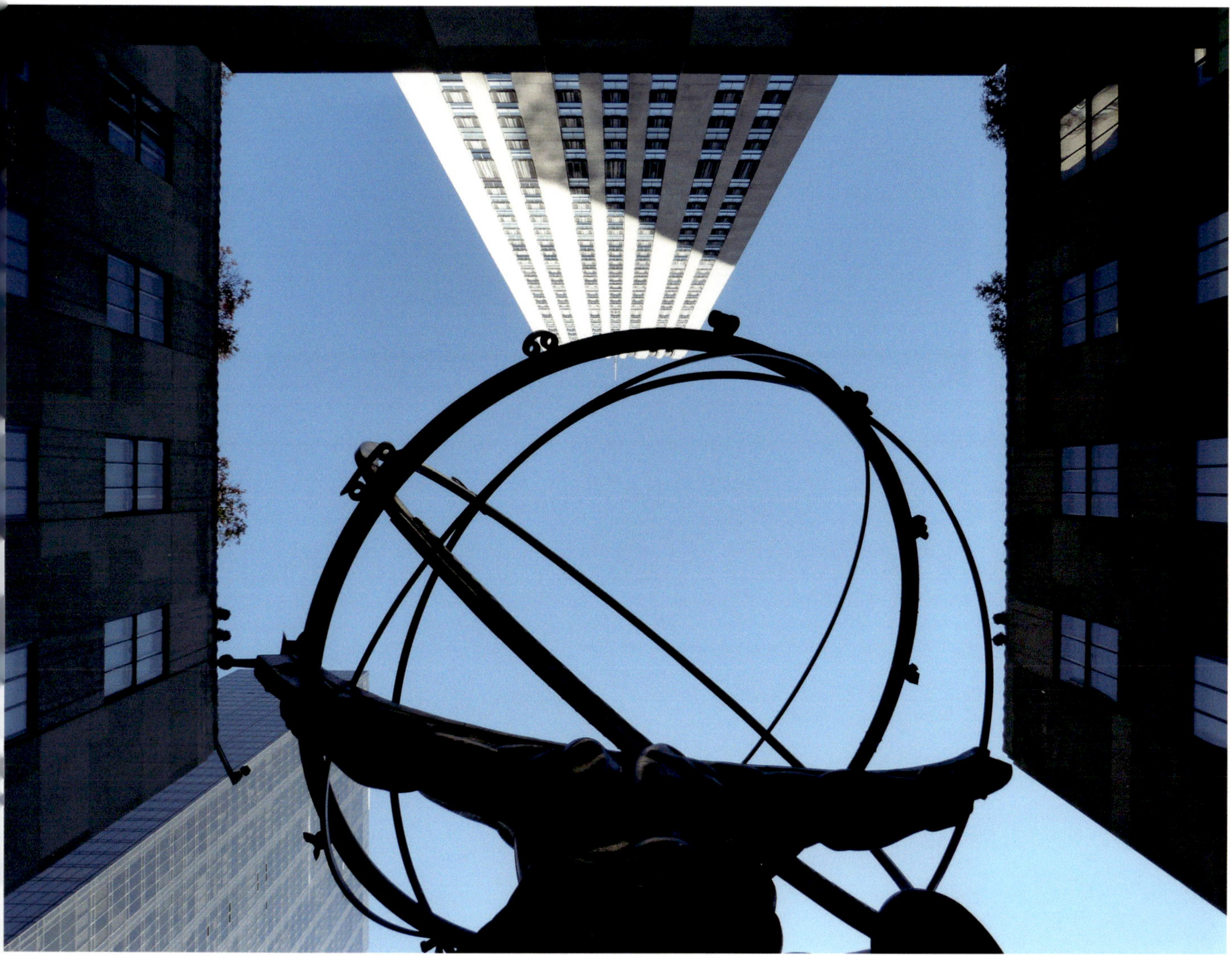

Rockefeller Center, New York, 2013

70

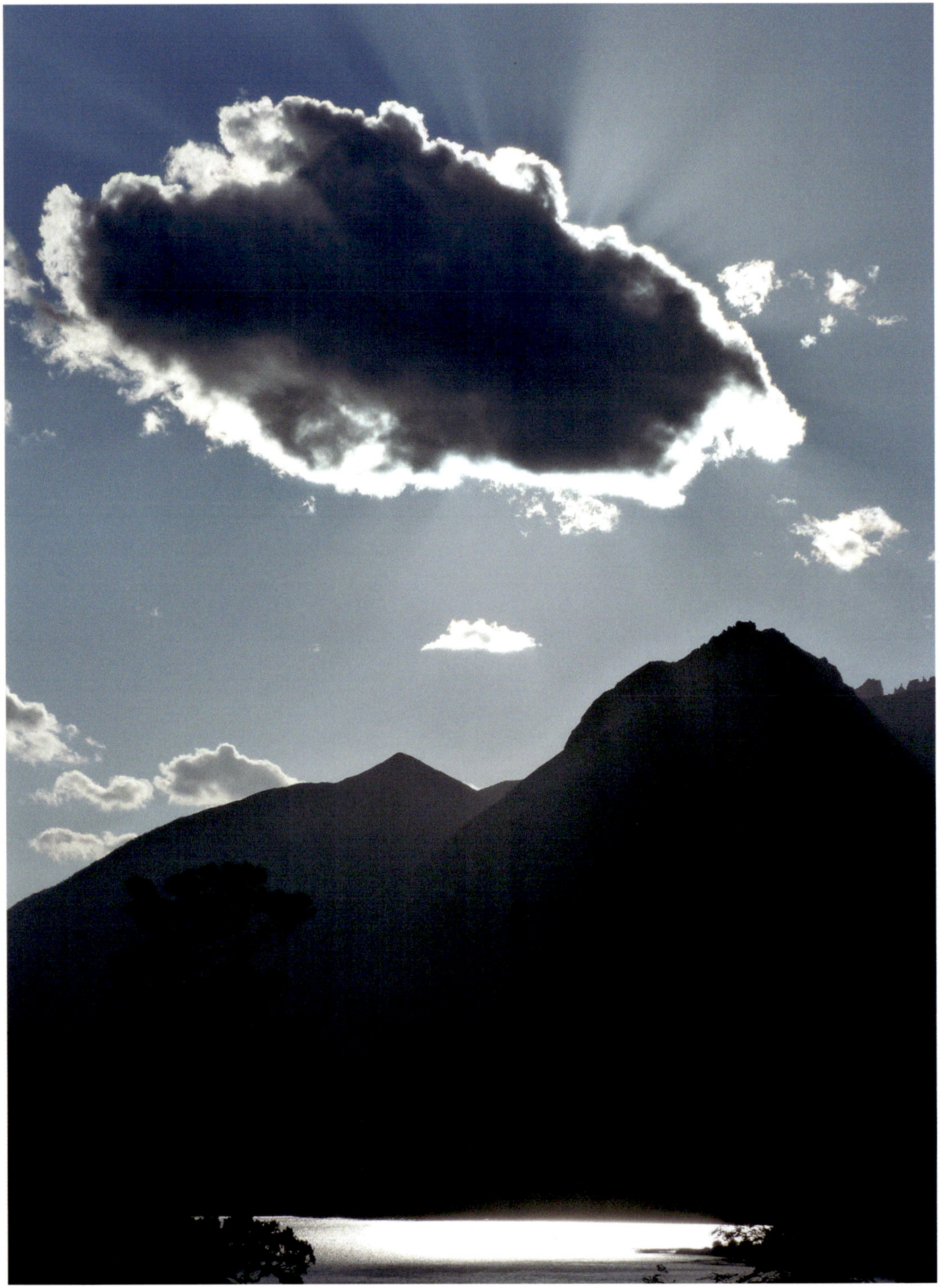

Argentina
Llao Llao
2016

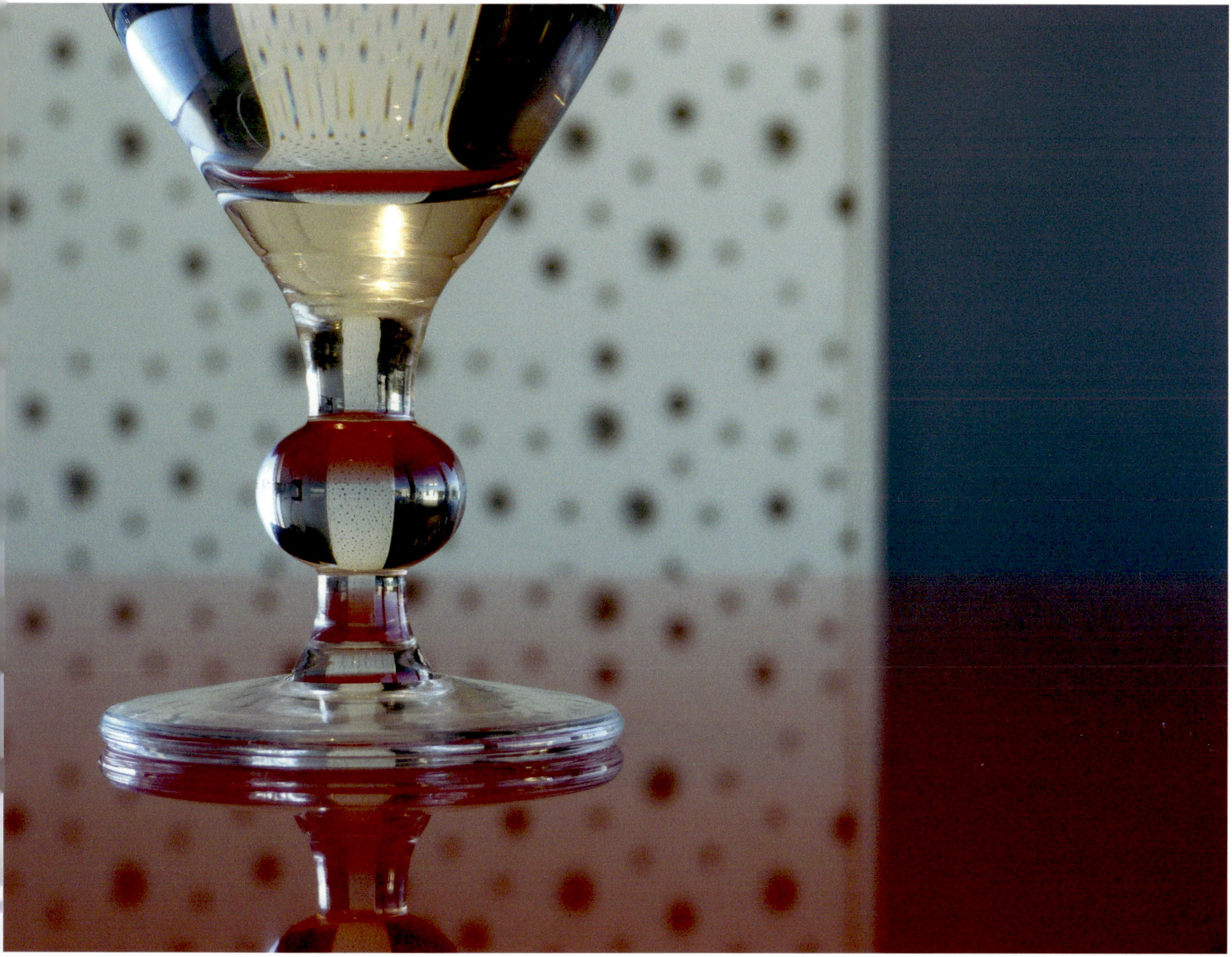

Club Alemán, Buenos Aires, 2016

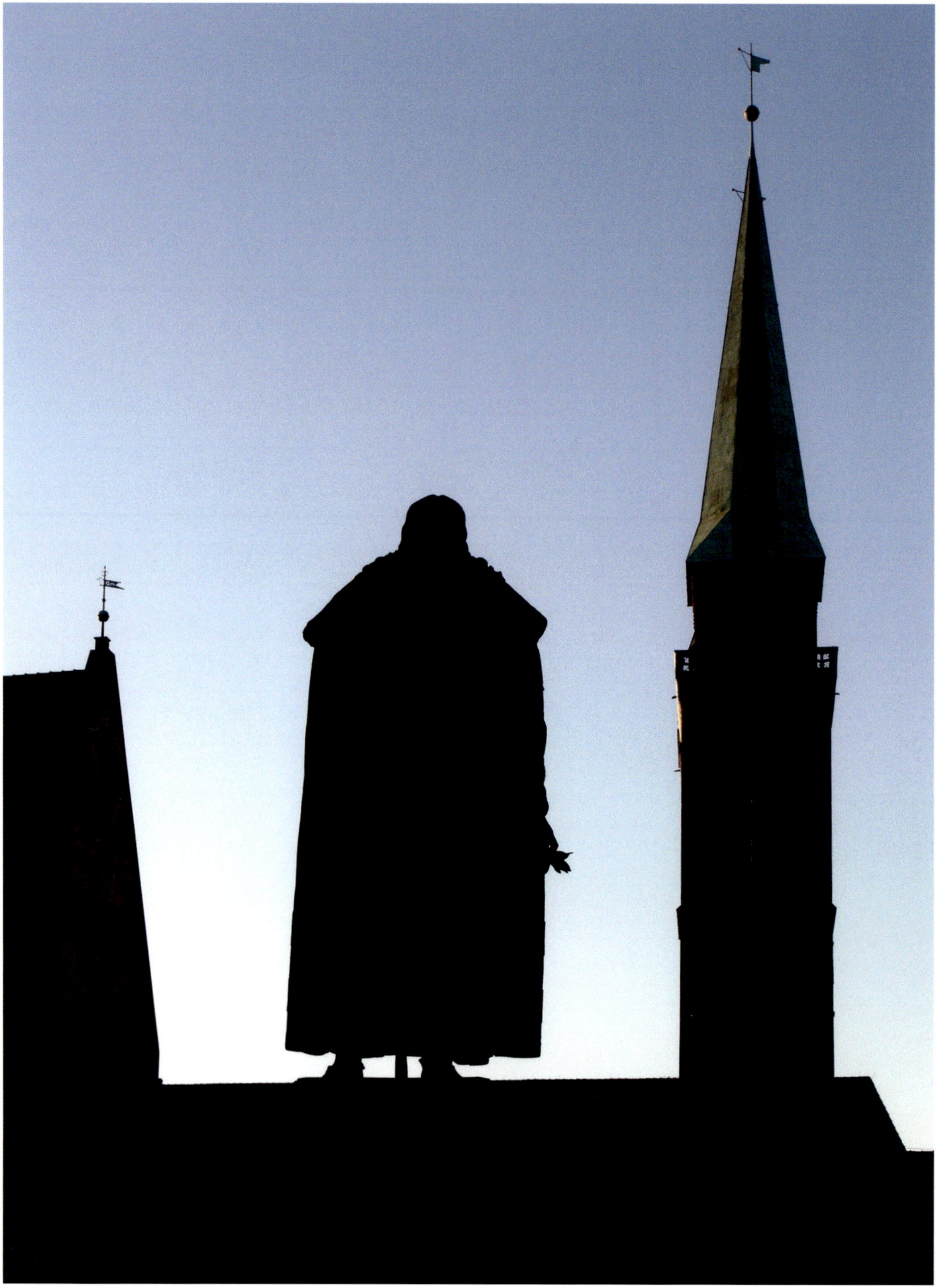

Dürers Schatten
Nürnberg
2008

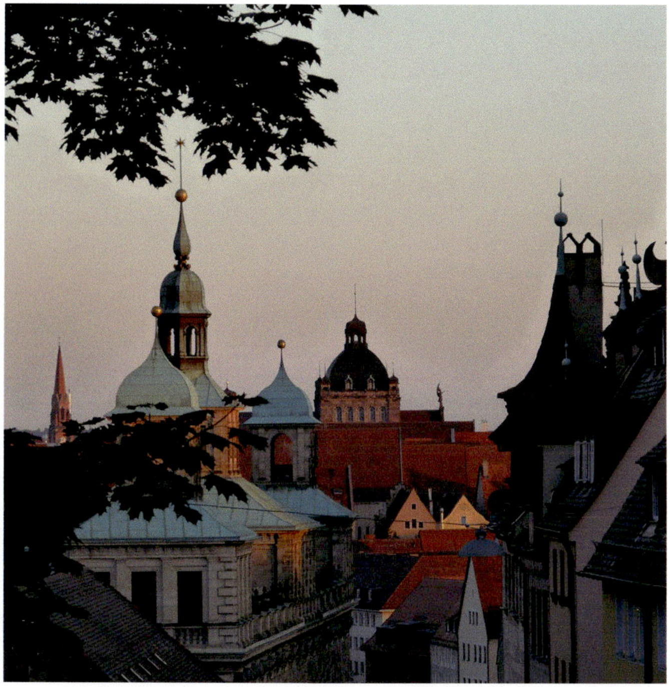

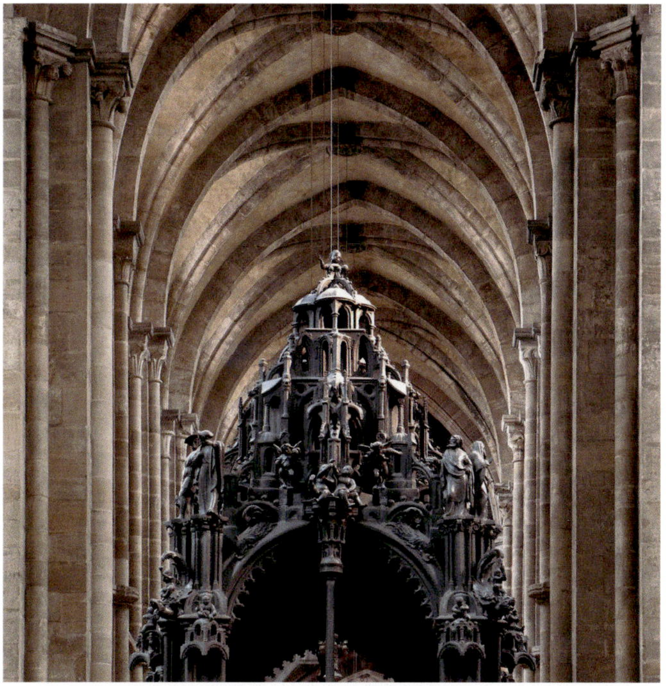

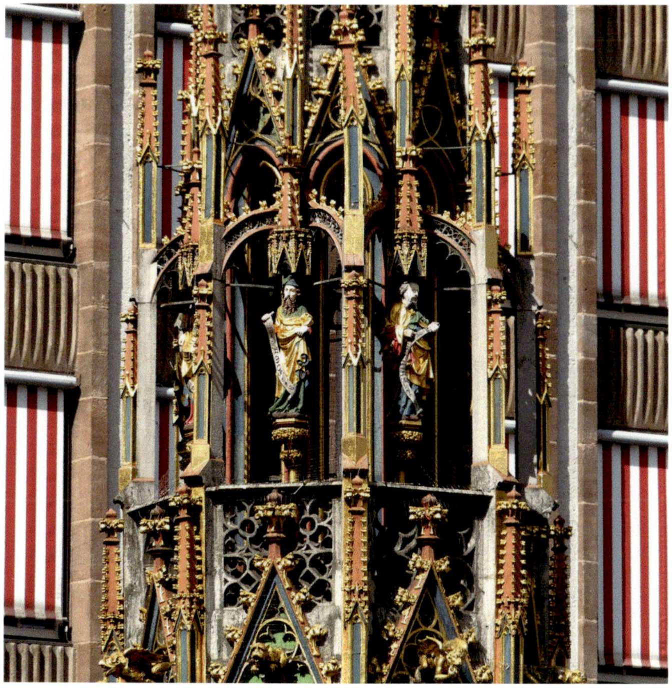

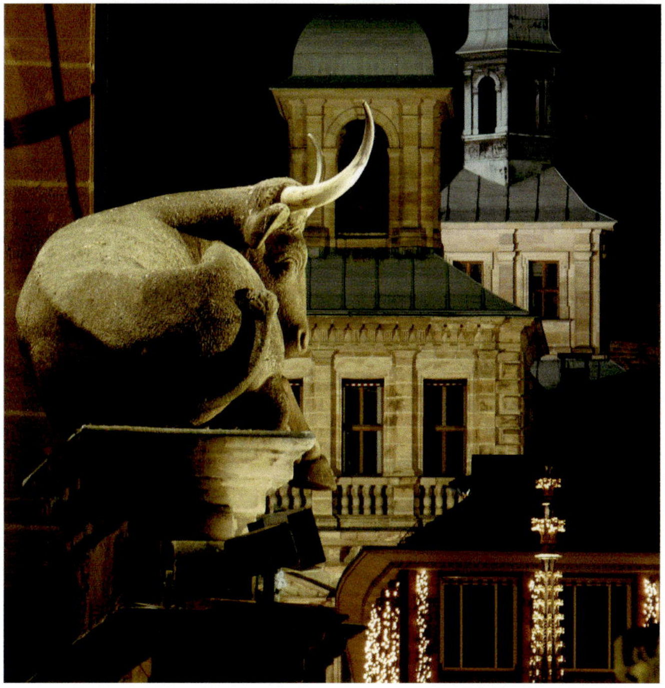

Abendstimmung in Nürnberg, 2010

Schöner Brunnen, Nürnberg, 2012

Sebaldus Grab, Nürnberg, 2012

Ochs vorm Rathaus, Nürnberg, 2013

74

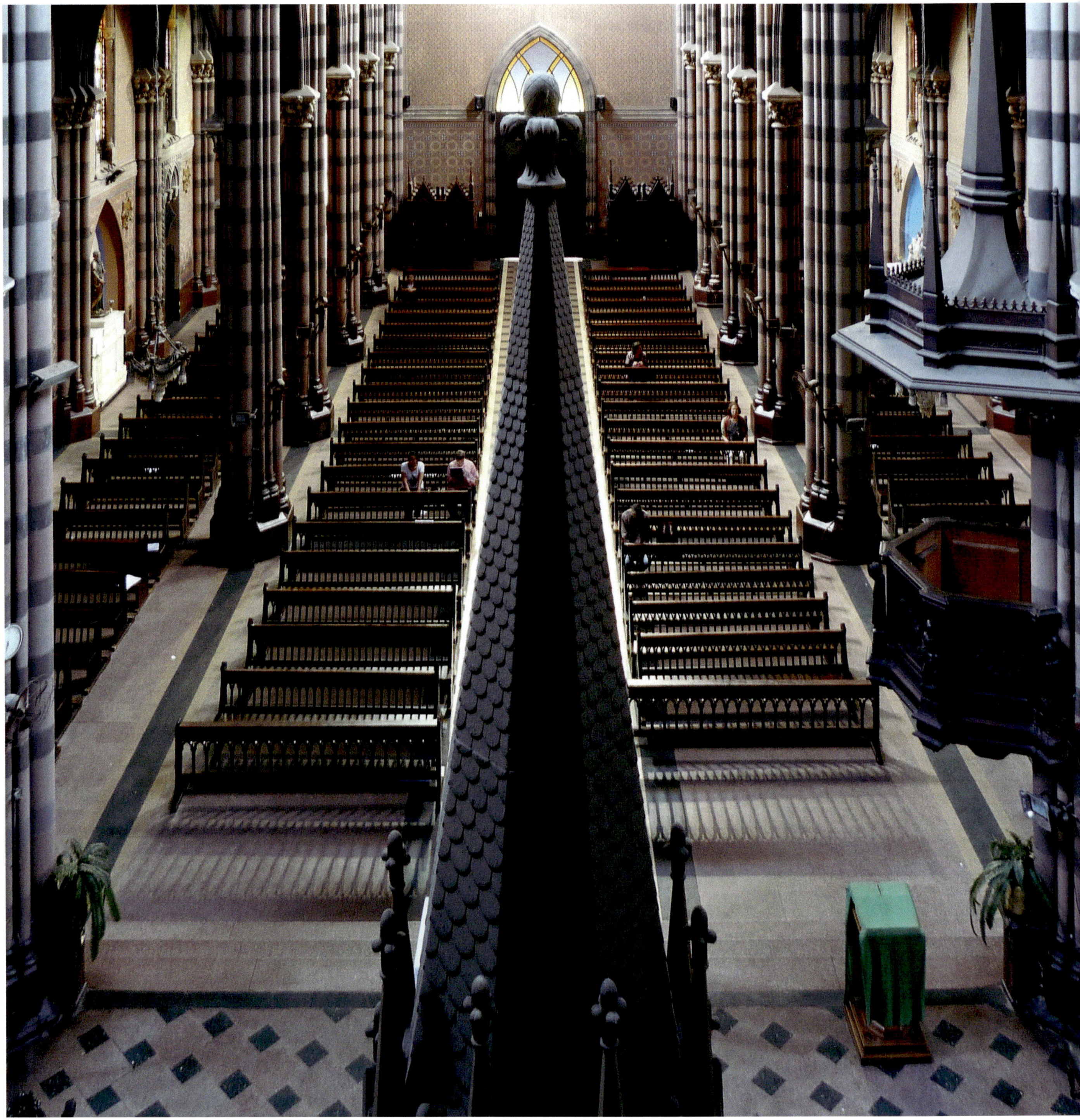

Zentralperspektive, Cordoba, Argentinien, 2014

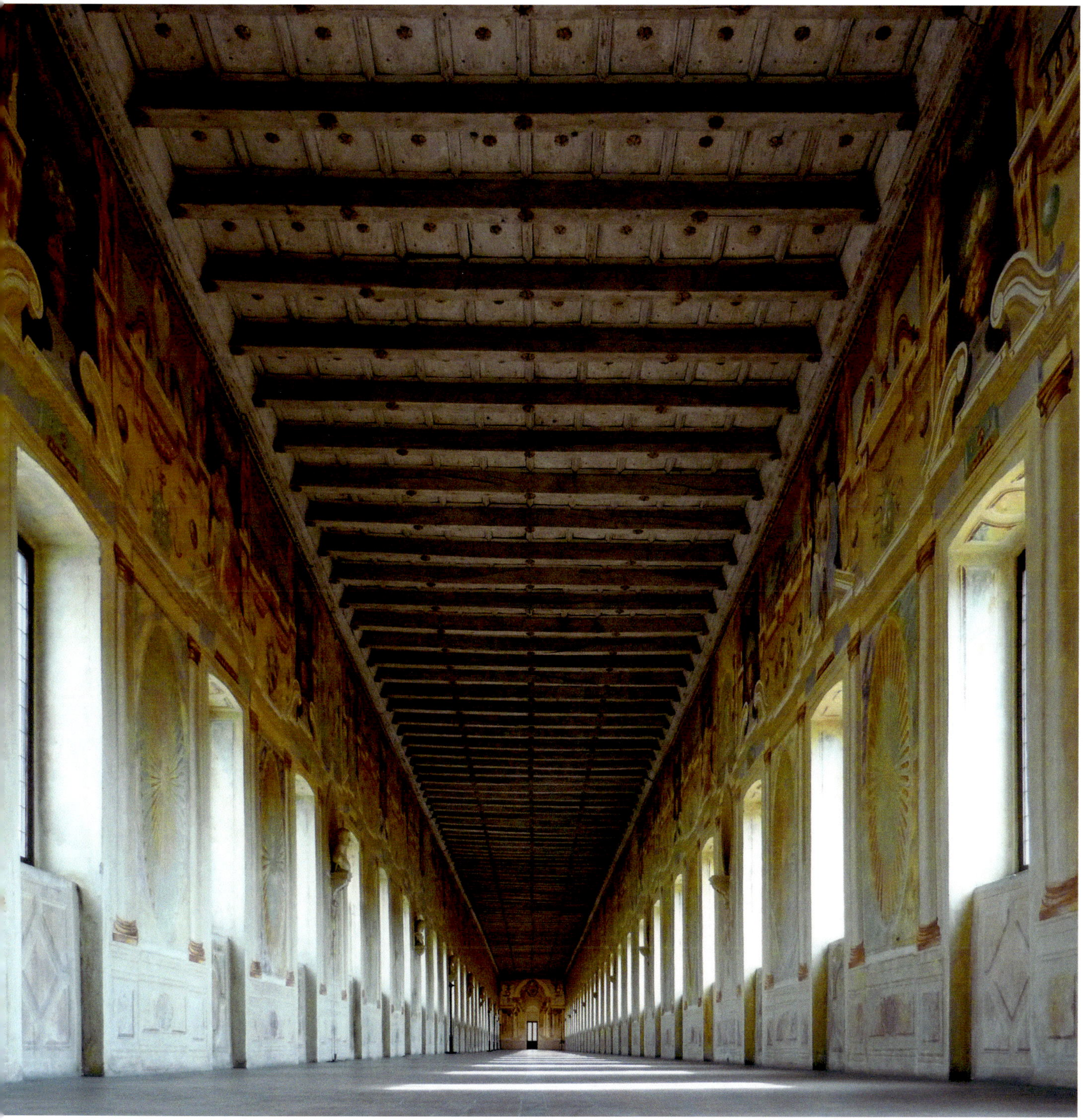

Zentralperspektive, Sabbioneta, Italien, 2016

BIOGRAFIE THEO NOLL

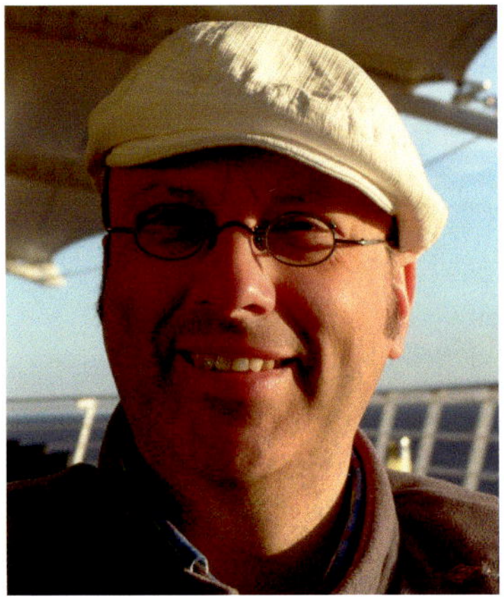

geboren 1968 in Neuwied

1990 – 1997 · Studium der Graphik und Malerei, Kunstgeschichte und der Musikwissenschaft an der Philipps Universität Marburg

Seit 1996 · Einzel- und Gruppenausstellungen in Deutschland, Spanien, Schweiz, Österreich, Argentinien, Brasilien und den USA

AUSSTELLUNGEN (AUSWAHL)

96 – 98:
Bühnenbildentwürfe für das „Theater Gegenstand“ in Marburg

12/1997 – 01/98:
Kunst in Marburg ´97, Universitätsmuseum

04 – 05 / 1999:
Son Floriana, Mallorca

05 – 08 / 2002:
Gewo Galerie Marburg

02 – 03 / 2005:
Casa del artista
Rosario, Argentinien

09 / 2005:
Kunst in der Scheune
Altstadtfreunde Nürnberg

05 / 2006:
Neue Malerei, Kreisverwaltung des Landkreises Marburg-Biedenkopf

04 – 05 / 2007:
Línie a krivky, Galerie Goza, Bratislava, Slowakei

04 / 2009:
europ´art, Genf

07 – 08 / 2009:
Visual Artist bei
Music@Menlo, CA, USA

10 / 2013 – 05 / 2014:
Art in the Rose
Lincoln Center Plaza, New York

04 / 2014:
Mozart für die Augen
Galerie Pia Rubner, Nürnberg

10 / 2014:
Galerie Meisterstück, Nürnberg

06 / 2015:
Livraria Cultura, „Neue Malerei“
São Paulo, Brasilien

06 / 2016:
„Neue Malerei“, Opatija, Nürnberg

08 / 2016
„Queerstrich“
Heilig-Geist-Haus, Nürnberg

FOTOGRAFIE (AUSWAHL)

2013 · Mitinitiator und seitdem Hauptfotograf des Virtuellen Museums Nürnberger Kunst: www.museum-nuernberger-kunst.de

2015 · Mitautor der Fotografien des Bandes „Das Unzerstörte Erbe Deutschlands“, Husum Verlag

2016 · Fototechnik der Ausstellung „Jesuitenbauten“, Rom, Kirchen Il Gesù und S. Ignazio

Seit 2014 · Aufbau des Fotoarchiv Oesterheld: www.oesterheld-fotoarchiv.de

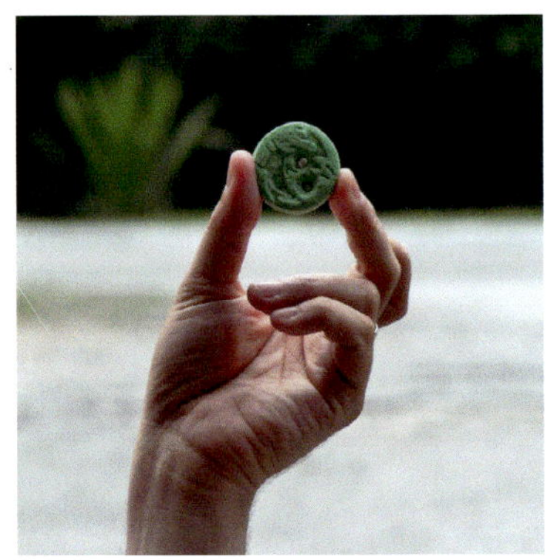

Die Hand des Künstlers mit einem brasilianischen Keks zwischen Rio und Paraty

WWW.THEO-NOLL.DE